ЛЮДМИЛА ПЕТРАНОВСКАЯ

БЛИЗКИЕ ЛЮДИ

ЛЮДМИЛА ПЕТРАНОВСКАЯ

ЕСЛИ С РЕБЕНКОМ ТРУДНО

Рисунки

Андрея СЕЛИВАНОВА

Москва
Издательство АСТ

УДК 159.922.7
ББК 88.8
П30

Дизайн обложки (Библиотека Петрановской) *А. Родюшкин*
Художник *А. Селиванов*

Петрановская, Людмила Владимировна.

П30 Если с ребенком трудно / Людмила Петрановская; худ. Андрей Селиванов. — Москва : Издательство АСТ, 2018. — 142, [2] с.:ил.

ISBN 978-5-17-095771-2 (Библиотека Петрановской)
ISBN 978-5-17-077879-9 (Вопрос – ответ (Близкие люди))

Дети не слушают своих родителей, сколько стоит этот мир. В попытках научить «нерадивое чадо», как «надо себя вести», ответственные родители вооружаются новейшими психологическими «приемчиками», разучивают современные техники сидения на гречке, а дети в ответ лишь становятся все более раздражительными и непослушными. Что же нам мешает в отношениях с ребенком, а ему мешает вести себя лучше? Новая книга Людмилы Петрановской будет полезна родителям, отчаявшимся найти общий язык с детьми. Вы сможете научиться ориентироваться в сложных ситуациях, решать конфликты и достойно выходить из них. Книга поможет сохранить терпение, восстановить понимание и мир в семье.

УДК 159.922.7
ББК 88.8

«ЧТО ЗА ДЕТИ, БОЖЕ ПРАВЫЙ, НИКАКОЙ НА НИХ УПРАВЫ»

Жизнь современного родителя непроста. Чего стоят одни названия книг для родителей: «Если ваш ребенок сводит вас с ума», «Нет плохому поведению», «Как мы создаем проблемы своим детям», «Руководство по выживанию для родителей» и тому подобное, это я только одну полку просмотрела.

Мы читаем, а что делать? Мы же ответственные родители. Мы хотим растить детей правильно. Эту книжку, и другую. И еще два десятка. И сообщество в Интернете. И еще пять. И к психологу: подскажите, посоветуйте. И к психологу с ребенком: что с ним не так? Родитель читает, запоминает, вникает. Как активно слушать, как правильно пороть (с любовью в сердце), восемь объятий в день, стояние в углу по формуле n + 1, где n — возраст ребенка. Срочно отдать в детский сад. Срочно забрать из детского сада. Заставлять читать. Ни в коем случае не заставлять читать. Хвалить правильно (образцы прилагаются). Не хвалить вообще, это оценка, а нужно без оценок. Метод воспитания по-японски, по-французски, по-папуасски. Так поступают сознательные родители, а так — естественные, а так — продвинутые.

Очень скоро родитель оказывается вооружен подходами, идеями и педагогическими приемами, как Нео в конце первой «Матрицы». Помните, он так эффектно распахивает свое черное кожаное пальто, а там... Ходить тяжеловато, но зато на все

Очень скоро родитель оказывается вооружен подходами, идеями и педагогическими приемами, как Нео в конце первой «Матрицы»

случаи. Можно стрелять с двух рук, в процессе делая сальто. Странно, что это вы таким усталым выглядите? А ребеночек как? Все то же? Надо, значит, расширять арсенал. Искать то самое «волшебное слово». Где-то же есть у него кнопка. А вот это пробовали?

Дорогие родители. А давайте на минутку остановимся. Ну, бывают же и у супергероев короткие минуты отдыха. Отставим базуку в сторону. Снимем с плеча карабин. Отстегнем портупею.

Дети не слушались, нарушали правила, дрались, портили вещи, не хотели учиться, ленились, врали, ныли, объедались сладким и хамили взрослым всегда, сколько стоит этот мир.

Вот, к примеру, излияния родителя из древнего-предревнего Египта: «Дети больше не слушаются своих родителей. Видимо, конец мира уже не очень далек... Эта молодежь растленна до глубины души. Молодые люди злокозненны и нерадивы». Чувствуете родственную душу? Не мы первые, не мы последние. Поговорите с любой мамой на детской площадке. Поговорите с английской королевой. Поговорите с самым заслуженным педагогом. От любого из них вы можете услышать: «Он иногда так себя ведет — прямо не знаю, что с ним делать».

Слушайте, но, если вдуматься, это же хорошо. Проблема не нова. Множество умных людей тоже с ней намучились. Специалисты между собой спорят. Сами вы уже все перепробовали, а толку нет (иначе зачем бы вам эту книжку читать)? Из этого следует, что спешить-то некуда. Немедленно решать проблему необязательно. Ну, не знаете вы, что делать, чтобы ребенок так больше не делал (или чтобы наконец делал). Вы уже давно этого не знаете. И если не будете знать еще какое-то время, ничего страшного не случится, правда? Столько лет собирали по квартире раскиданные вещи — еще три недели или три месяца погоды же не сделают? Все школьные годы чадо истерит из-за уроков — не хочет их делать. Ну, пусть еще одну четверть не хочет, хуже-то не будет. Если ваши дети дерутся между собой с тех пор, как научились ходить, но при этом оба в целом пока живы-здоровы, скорее всего, еще десяток драк им тоже особо не навредят. И если весь последний год вы бьетесь, чтобы он выключил компьютер, и безрезультатно, возможно, не случится ничего страшного, если вы временно перестанете биться и он еще какое-то время за ним посидит?

Давайте объявим мораторий, перемирие, прекращение огня. Ничего не случится, никакое молоко не убежит. Выдохните. Налейте себя чаю или кофе. Возьмите плед, если дело зимой, или сядьте у окна, если сейчас лето. Пусть пока все идет как идет.

Если бы дело было только в том, что вы не знаете каких-то особых правильных слов, правильного наказания или поощрения, правильного «приемчика», вы бы давно уже сами его изобрели или где-то нашли. Раз стараетесь, а не получается, значит, пора перестать стараться. Отойти на пару шагов. Подумать. Да просто успокоиться. Поставьте ситуацию на паузу.

Я предлагаю вам двигаться в таком порядке.

Сначала давайте разберем свой богатый, но местами уже заржавевший и просто опасный педагогический арсенал. Свалимка в кучу все это оружие, которое таскаем на себе (точнее, в себе) годами, и разберем, рассмотрим. Что-то из этого слишком жестоко, что-то просто не работает, а что-то может и у вас в руках взорваться. Может быть, многое давно уже выкинуть пора, вот и полегче станет.

Первая половина книжки — она в основном про то, что нам мешает в отношениях с ребенком, а ему мешает вести себя лучше. Для этого нам понадобится разговор о том, как связаны поведение, в том числе самое ужасное, и ваши отношения. Потому что, как мы увидим, отношения первичны, а поведение сплошь и рядом — только их следствие. Очень часто оказывается, что именно какой-то разлад в отношениях заставляет ребенка вести себя не лучшим образом, а вас раздражаться и отчаиваться. И наоборот, стоит наладить связь между вами, вернуть отношениям тепло и надежность — и волшебным образом, само по себе, улучшается поведение.

А во второй части речь пойдет собственно о поведении как таковом. Что делать и как его изменить, если оно вас никак не устраивает. По пунктам, шаг за шагом, в лучших традициях, с примерами и разбором ситуаций. Мы обязательно доберемся до вопроса «Что делать, чтобы он...» и даже до вопроса «Где у него кнопка», куда ж без этого. Но к тому времени, если не будете спешить, дадите себе время, чтобы думать и чувствовать, вы уже и сами будете знать ответы. Можете и не дочитывать.

Не стоит сразу листать книжку в поисках «приемчиков», боюсь, ничего не выйдет. Можно успешно использовать раз-другой вычитанную технику, но если она осталась лишь техникой, все скоро вернется к исходному положению дел. Все живое и прочное всегда развивается потихоньку, незаметно, как деревце вырастает: вроде сегодня такое, как вчера было, и завтра почти не изменится, а через год — ух ты, как выросло! Можно, конечно, срубить уже готовое и в землю воткнуть — сразу будет красиво. Но засохнет же.

Не надо себя ломать и переделывать, «брать в руки», начинать новую жизнь с понедельника. Это еще никого до добра не доводило. Вы с ребенком своим живете, вы его растите, вы его знаете, вы его любите, он рядом. В самом главном все **уже** хорошо. С остальным разберетесь, так или иначе.

Начнем?

Часть первая

ПРОЩАЙ, ОРУЖИЕ, ИЛИ MAKE LOVE, NOT WAR

Поразительно, как часто мы говорим о проблемах с детьми в терминах войны: «Как нам с этим бороться?», «Мы все время воюем из-за уроков», «Я не могу с ним справиться». Словно ребенок — противник в схватке и вопрос, кто кого одолеет.

Вокруг тоже слышится: «Надо с ним построже. Вы его избаловали. Не надо потакать. Смотрите, привыкнет — на голову сядет. Это надо пресекать. Этого нельзя допустить». Это обычно педагоги. Здесь ребенок — этакий диверсант, коварная пятая колонна, который, только дай слабину — устроит переворот и поставит родителей на колени.

У психологов другой подход: «Не говорите так — это травма на всю жизнь. Не делайте этого — вырастет неврастеник-наркоман-неудачник». Ребенок здесь похож на минное поле, один неверный шаг — и все погибло.

Вам не кажется все это каким-то странным? С кем воюем-то? И зачем? И как дошли до жизни такой? Посмотрите на своего ребенка. Даже если он чумазый, вредный и двоечник, даже если он только что устроил истерику, потерял новый мобильник, нагрубил вам, даже если он достал так, что вас трясет. Все равно он не враг, не диверсант и не бомба. Ребенок и ребенок. Местами, если потереть, можно даже найти, куда поцеловать. Все как-то не так совсем задумано, не надо бы воевать-то. А как?

Привязанность: властная забота

Все, о чем мы будем говорить дальше, так или иначе вытекает из одного простого факта: человеческий детеныш рождается на свет очень незрелым. Это наша плата за прямохождение (а значит, узкий таз у женщин), с одной стороны, и большой мозг (а значит, крупную голову у ребенка) — с другой.

Вот из такой прозы, из почти инженерных соображений, которые можно было бы выразить в цифрах и схемах, рождается большая и сложная история отношений родителя и ребенка. Родившись очень незрелым, ребенок нуждается в том, чтобы все первое время его жизни рядом находился взрослый, и не просто абы какой, а тот, кому не все равно. Тот, кто будет спешить на первый же зов, кто готов не спать, если ребенок плачет, накормить его, даже если особо нечем, отдав последнее, кто готов защищать его от хищников, согревать своим телом по ночам, шаг за шагом, постепенно, учить узнавать этот мир и готовиться к самостоятельной жизни в нем.

И каждый новорожденный, приходя в мир, глубоко внутри себя знает правила игры. Есть у тебя взрослый, которому не все равно, твой собственный взрослый, — ты будешь жить. Если нет — значит, нет, извини.

Отношения со своим взрослым для ребенка — не просто потребность, это потребность витальная, то есть вопрос жизни и смерти. Более важных отношений у него не будет никогда в жизни, как бы он ни любил потом своего избранника или своих собственных детей, все это ни в какое сравнение не идет с тем глубоким чувством, которое маленький ребенок испытывает к родителю — к тому, кто буквально держит в руках его жизнь. Едва родившись, он уже ищет глазами глаза матери, губами ее грудь, реагирует на ее голос, узнавая его из всех. Установить и удерживать контакт со своим взрослым — вот главная забота ребенка. Все остальное возможно только тогда, когда с этим контактом все в порядке. Тогда можно смотреть по сторонам, играть, учиться, лезть куда ни попадя, завязывать контакты с другими — при условии, что отношения с родителем в порядке. Если же нет, все остальные цели идут по боку, сначала — главное.

Приходилось ли вам видеть трехлетнего малыша, который гуляет с мамой в парке? Она сидит на скамейке и читает, он бегает вокруг, съезжает с горки, лепит куличики, смотрит на муравьев, несущих сосновую иголку. Но вот в какой-то момент он обернулся — а мамы на скамейке нет. Отошла на минутку куда-то. Что происходит? Малыш немедленно прекратит игру. Ему больше не интересны ни качели, ни муравьи. Он бежит к скамейке, озирается вокруг. Где мама?

Если она быстро нашлась — он успокоится и вернется к игре. Если не сразу — он перепугается, заплачет, может побежать сломя голову, сам не зная куда. Когда мама найдется, он не скоро еще сможет от нее оторваться. Вцепится ручками, не захочет отпускать. Может быть, вообще домой запросится. Не хочет он больше гулять и играть. Самое важное — мама, контакт с ней — оказалось под угрозой, и сразу все остальное отодвинулось на второй план.

Глубокая эмоциональная связь, существующая между ребенком и «его» взрослым, называется **привязанность**. Именно она заставляет маму слышать сквозь сон любой писк новорожденного, а по напряженному голосу подростка догадываться, что он поссорился с девушкой. И ребенку она позволяет чутко ловить малейшие изменения в настроении родителей, например, безошибочно определять, когда они в ссоре, даже если внешне все ведут себя как обычно. Именно привязанность позволяет родителю достаточно легко отказывать себе в чем-то ради ребенка, преодолевать усталость и лень, когда нужно ему помочь. А ребенку помогает прилагать усилия, даже если трудно и страшно, чтобы услышать от родителя слова одобрения и увидеть искренний восторг в его глазах, когда ребенок сделал первые шаги или получил диплом университета. Именно эта связь позволяет малышу сладко спать на руках у мамы, даже если вокруг шум и толчея, именно она делает родительские поцелуи способными снимать боль, бабушкины пирожки самыми вкусными в мире, а любого ребенка — самым умным и красивым на свете для своих родителей.

Привязанность — танец для двоих. В нем взрослый защищает и заботится, а ребенок доверяет и ищет помощи. Даже будучи взрослыми, испугавшись, мы кричим: «Мама!», даже за выросшее, усатое уже, чадо мы волнуемся, если у него что-то неладно. Узы привязанности прочнее любви, прочнее дружбы — любовь и дружба, бывает, умирают, сходят на нет. Привязанность останется с нами всегда, даже если у нас очень непростые отношения с родителями или детьми, безразличны они нам не будут никогда.

Очень многое в поведении детей объясняется именно привязанностью или угрозой разрыва привязанности.

Вот самая обычная ситуация: вы ждете гостей. Ваш ребенок тоже рад предстоящему празднику, он помогает вам накрывать на стол, старательно моет овощи, раскладывает салфетки, расцветает от похвалы. Это поведение привязанности, он хочет быть с вами, хочет вам нравиться, делать общее дело.

Вот гости на пороге — и ребенок вдруг смущается, прячется за вас, вам стоит труда уговорить его выйти и поздороваться. Это поведение привязанности, он осторожен с чужими, не «своими», взрослыми и ищет защиты у родителя.

Вы сидите за столом, увлечены интересным разговором, а ребенок словно с цепи сорвался: шумит, бегает, дергает вас. Это поведение привязанности: он испытывает тревогу, видя, что вашим вниманием завладел чужой человек, и хочет вашего внимания как подтверждения, что с вашими отношениями все в порядке.

Вы теряете терпение, сердитесь на него и выставляете из комнаты. Он громко плачет, бьется об дверь, начинается истерика. Это поведение привязанности: вы дали ему понять, что можете оборвать связь с ним, более того — символически прервали ее, закрыв дверь, он протестует изо всех сил, стараясь восстановить связь.

Вам становится его жалко, вы идете к нему, обнимаете, ведете умыться. Он еще какое-то время всхлипывает, потом обещает, что будет вести себя хорошо, и вы разрешаете ему остаться. Вскоре он затихает, свернувшись калачиком у вас на коленях, и правда больше не шалит. Это поведение привязанности — связь восстановлена, напряжение спало, страх отпустил, ребенок обессилен, а восстанавливать силы лучше всего рядом с родителем.

Возможно, вы никогда не думали об этом в таком ключе. Возможно, вам казалось, или вам говорили окружающие, что это все происходит потому, что ребенок избалованный, или невоспитанный, или вредничает, или перевозбудился. На самом деле все проще и все серьезней. Ему просто жизненно нужна связь с вами. Вот и все. Если это понимать и уметь видеть то, как состояние ваших отношений влияет на состояние и поведение ребенка, очень многие случаи «плохого» поведения предстанут совсем в другом свете.

Привязанность не очень подчиняется логике, объективным фактам, доводам рассудка. Она иррациональна, замешана на сильных чувствах, и у ребенка они особенно сильны. Давайте попробуем чуть подробнее рассмотреть, как это устроено.

Где хранится привязанность

У нас — и у детей тоже — есть головной мозг (даже если нам иногда кажется, что нету). Говоря очень упрощенно, он устроен как матрешка, то есть внутри внешнего мозга спрятан еще мозг внутренний. Внешний, или кортикальный, мозг — это те самые «извилины», «серое вещество» — то, что мы обычно и называем собственно «мозгами», в смысле «способностью соображать». Когда мы говорим про кого-то: «Вот это у тебя мозги!» или ругаем: «Ты что, вовсе без мозгов?» — мы имеем в виду именно этот, внешний мозг. Там хранятся слова — и умные, и неприличные, там хранятся знания и умения, способность к суждениям, поэтические и зрительные образы, вера и ценности — словом, все то, что делает нас человеком разумным.

Под этим верхним, «разумным», мозгом есть мозг внутренний, лимбическая система, иногда его называют еще эмоциональным

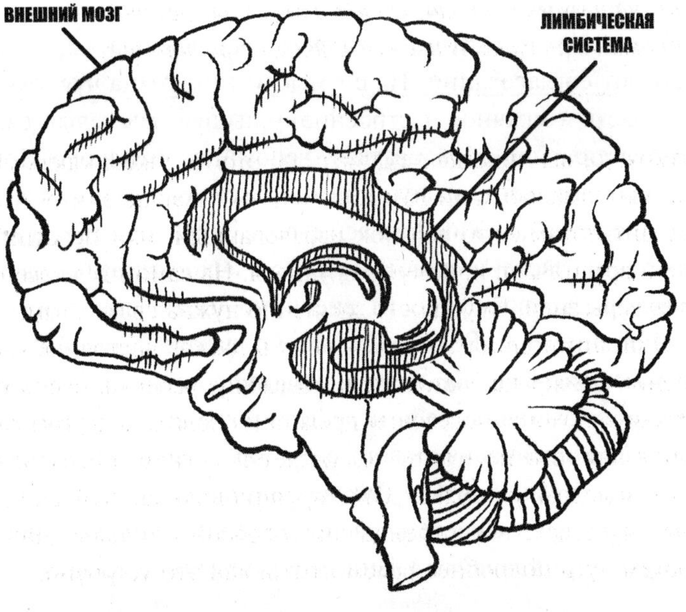

мозгом. Он у нас примерно такой же, как у других млекопитающих, не знающих ни таблицы умножения, ни спряжения глаголов. Но знающих, что они хотят жить, размножаться, не испытывать боли, не быть съеденными хищником, защищать своих детенышей. Этот мозг отвечает за чувства, за отношения, там рождаются и хранятся страх, радость, тоска, любовь, злость, блаженство — много всего. Именно этот, внутренний, мозг заставляет мать счастливо таять, держа на руках ребенка, а ребенка — улыбаться матери, именно он в случае опасности «замедляет» для нас время и придает сил, именно благодаря ему мы наслаждаемся объятиями и льем слезы при встрече и разлуке. Внутренний мозг отвечает за наши витальные, то есть жизненно важные потребности — безопасность, базовые нужды (голод, жажда и др.), влечение к противоположному полу, привязанность. Он же регулирует иммунитет, артериальное давление, выбросы гормонов и вообще отвечает за связь психики с телом.

Отношения между внешним и внутренним мозгом сложные. С одной стороны, они тесно связаны. В целом, если все более-менее благополучно, два мозга живут в ладу, «слышат» друг друга и действуют согласованно. Наши мысли влияют на чувства: мы можем впасть в мрачное настроение, услышав невеселый сюжет в теленовостях, или обрадоваться, вспомнив, что скоро Новый год. И наоборот: когда на душе тяжело, все вокруг кажется подтверждением тезиса «жизнь ужасна, все вокруг идиоты», а когда ты влюблен и счастлив, идиотом кажется какой-нибудь мрачный Шопенгауэр. Но возможности внешнего мозга влиять на внутренний ограничены. Если нам страшно, даже в ситуации, когда объективно бояться особо нечего, например ночью на кладбище, мы не можем заставить себя перестать бояться. Не можем просто спокойно проанализировать ситуацию, решить, что ничего опасного нет, и успокоиться. Так не получается.

Если лимбическая система расценила какую-то ситуацию как тревожную, угрожающую жизни или жизненно важным отношениям, в ней включается сигнал тревоги, эмоциональная «сирена». По нервам разносится сигнал: «Боевая тревога! Свистать всех наверх! Срочно предпринять меры по ликвидации угрозы!» Подключается тело: учащается пульс, в кровь выбрасывается адреналин, мы замираем в ужасе — чтоб не заметили, или громко кричим — чтобы спасли, или быстро убегаем — чтобы не догнали, или бросаемся в драку — чтобы победить опасность.

Причем объективность угрозы тут — дело второстепенное. Если ребенок боится Бабы-яги под кроватью, не помогает ему просто объяснить, что там никого нет, да и посветить фонариком тоже не помогает. Для его внешнего мозга, конечно, все ясно: под кроватью пусто. А его эмоциональному мозгу страшно, и все тут. А не страшно, только когда мама рядом.

Когда ребенок цепляется за вас со слезами, провожая на работу, не помогает ему просто сказать, что «мама скоро придет», что «все взрослые должны работать» и прочие умные вещи. Мама уходит прямо сейчас, и это ужасно, потому что он хочет быть с мамой всегда. А помогает только посидеть с ним в обнимку, не дергаясь и не глядя на часы, и дать ему пока поносить свой халат — для лимбического мозга халат с запахом мамы — это, конечно, не мама, но как бы ее часть, и жить можно.

По этой же причине ваш ребенок уверен, что его папа самый сильный, и неважно, что папа — «ботаник» и сроду не поднимал штангу и не дрался. Ему, ребенку, его лимбической системе, рядом именно со своим папой защищённо и нестрашно. Просто потому что это его папа, его собственный. А с другим, чужим папой, не будет так же защищённо, будь тот хоть чемпион мира по всем видам единоборств сразу. Так кто самый сильный?

Мозг, в котором хранится привязанность, идет от чувств, а не от фактов. Собственно, и открыли привязанность как явление именно благодаря этому обстоятельству.

Во время Второй мировой войны Лондон сильно бомбили и жизнь у детей в городе была невеселая — целыми днями иногда приходилось сидеть в сырых полутемных бомбоубежищах, ни погулять, ни воздухом подышать. Да и еда была очень скудной, не для растущих организмов. И было принято решение детей вывезти в деревню. Там безопасно, травка, воздух, парное молоко, местные жители помогут присмотреть за детьми, а родители в Лондоне пусть спокойно работают для фронта.

Так и сделали, и дети приехали в прекрасные английские деревни, к зеленым лугам, хорошей еде и заботам добрых местных домохозяек, готовых бедняжек приласкать, обогреть и развлечь. Детей сопровождали педагоги, психологи, врачи. Их хорошо устроили, у них была одежда и игрушки. Вот только происходить начало странное. Дети, особенно маленькие, которые в Лондоне были хоть и бледными и худенькими, но веселыми и вполне здоровыми, здесь чувствовали себя явно плохо. Они не хотели играть, плохо ели, они болели всем, чем можно, некоторые начали писаться, другие — перестали разговаривать. Они тосковали по родителям, им было плохо и страшно не там, в Лондоне, под бомбами и впроголодь, но рядом с мамой, а здесь, в чудесной пасторали, но без мамы.

Именно тогда психологи, среди которых был Джон Боулби, обратили внимание на это важнейшее свойство привязанности — она иррациональна. Ребенку спокойно от присутствия своего взрослого самого по себе, даже если вокруг падают бомбы. И наоборот: он не может быть спокоен и счастлив, а значит, не может хорошо расти и развиваться, если своего взрослого рядом нет. Или когда отношения с ним под угрозой.

«Я ему говорю, говорю...»

Понимая реакцию ребенка на угрозу его связи со «своим» взрослым, а также отношения между внешним, разумным, и внутренним, эмоциональным, мозгом, можно, например, понять, почему не работают объяснения, нотации и вообще «назидательные беседы».

Почти на любой первой встрече психолога с родителем половина времени теряется впустую. На что? На подробный пересказ родителем всех тех правильных слов, умных мыслей и неоспоримых доводов, которые он приводит своему ребенку.

«Я ему говорю: это же тебе нужна учеба, не мне. Ты же вырастешь — захочешь нормальную работу, зарплату. А знаний нет. Будешь локти кусать, а время упущено. Все "Вконтакте" просидел. Сам же потом пожалеешь».

«Я ей говорю: вещи же денег стоят. Не просто так с неба падают. Это мой труд, труд людей, которые их делали. Как же можно так с ними обращаться? Испачкала — ну, постирай. Зачем под кровать запинывать? Выходишь из школы: проверь лишний раз, все ли взяла — шарф, шапку, сменку. Не напасешься же. Я же не ворую, каждую неделю все новое покупать».

«Я ему говорю всегда: умей признавать вину и нести ответственность. Как мужчина, а не как трус. Набезобразничал — отвечай. Зачем юлить, врать? Самому не стыдно? Напортачить мог, а отвечать — тебя нету?»

«Я им говорю: вы же сами потом не найдете ничего. Вот захотите поиграть, а все вперемешку, раскидано-разбросано, где искать детали — непонятно. Ну, разложите аккуратно, есть же коробки, контейнеры, чтобы захотели, время есть — раз и достать. Самим же будет лучше, и настроение другое, когда порядок. Вот у меня инструменты в гараже в порядке лежат, иначе как работать?»

Человек, говорящий «правильный» текст, всегда немножко похож на тетерева на току: токует себе, ничего и никого вокруг не слышит. Сам себя в транс вводит, сам себе кивает. Кстати, если не прерывать, так и весь час консультации может пройти. И только за пять минут до конца человек спохватится: а что делать-то? Поэтому я всегда прерываю. «Уверена, — говорю, — что вы все говорили правильно и замечательно, давайте не будем время терять на пересказ». Потому что и правда уверена. Ну, много ли родителей, которые бы детям говорили: «Ври, детка, не стесняйся», или «Школу прогуливай, а ну ее вообще», или «Кидай вещи где попало — не жалко»? Бывают, наверное, но не часто встретишь.

Наверняка все правильно говорит родитель. Только если б оно работало, он бы здесь не сидел, верно? Раз пришел, значит, уж тысячу раз все это ребенку произносил, а толку нет. Вот почему так?

Мы уже знаем, что в ситуации стресса внутренний мозг включает сигнал тревоги. Как машина «Скорой помощи» сирену. Чем выше стресс, тем громче сигнал. Пробовали когда-нибудь решать уравнения, редактировать текст или размышлять о высоком в метре от вопящей сиреной «Скорой»? Плохо получается? А если сирена вопит прямо в голове, во внутреннем мозге? Внешний мозг в этом случае просто «сносит», он теряет работоспособность, мы плохо соображаем. Характер стресса, кстати, может быть любой: и сильный испуг, и горе, и яркая влюбленность, и неожиданный выигрыш в лотерею разумности нам не прибавляют. Как говорят психологи, «аффект тормозит интеллект».

Теперь вернемся к нашему «я ему говорю». Вот ребенок. Он что-то сделал не так. Он понимает, что родитель им недоволен. Для ребенка недовольство родителя — это всегда серьезный стресс, даже если кажется, что «ему все трын-трава». Привязанность требует от него нравиться своему взрослому, это гарантия его помощи и защиты. Если взрослый недоволен, ребенку, природной, иррациональной части его психики, всегда страшно: вдруг уйдет, бросит, больше не будет моим? Тогда я пропал. Это происходит неосознанно, внешним, разумным мозгом ребенок вполне может быть уверен, что вы его не оставите, что так не бывает, чтобы детей разлюбили из-за двойки или потерянной шапки. Но внутреннему мозгу все эти разумные соображения неинтересны. Родитель явно рассержен, его голос, лицо, поза выражают гнев, неприязнь, разочарование — все, угроза привязанности обнаружена, в лимбической системе срабатывает внутренний детектор, включается сирена. Тем более сильная, чем сильнее разгневан взрослый, чем сильнее и чаще он злился прежде. Сирена включается — внешний мозг «зависает».

Все, с этого момента все ваши умные-разумные доводы и призывы — пустое сотрясение воздуха. Вы обращаетесь к верхнему мозгу — ну, а он в отлучке. «Абонент временно недоступен». Вы это замечаете и сердитесь еще больше: «Ты меня вообще слушаешь или нет? Я что, со стенкой разговариваю? Ты о чем думаешь?» Да ни о чем он не думает, не может просто.

Помните ли вы сами, что чувствовали, когда родители вас ругали? Дети описывают это по разному: «Мне кажется, что меня разрывает на кусочки», «Мне хочется исчезнуть», «Мне так плохо, что даже тошнит», «Я сразу плачу, а папа за это сердится». Это, как вы понимаете, уже те дети, которые способны высказать свои чувства словами, то есть пятилетние хотя бы. Что чувствует годовалый, мы точно не знаем. Можно только себе представить.

Некоторые родители гордятся тем, что не орут. Это хорошо, конечно. Но в стресс ребенка можно вогнать и без децибел. Можно и очень тихим и ровным голосом напугать — встречаются мастера. Можно выразить отвержение лицом — как сказал один маленький мальчик: «Когда моя мама сердится, она глазами толкается». Можно прямым текстом сказать, что такого плохого мальчика тебе не нужно. Можно пожаловаться, что сил никаких нет и здоровья и все это тебя в гроб загонит. А что может быть страшнее, чем перспектива, что родитель умрет, ты его потеряешь — по своей вине? Наконец и сам ребенок, осознав, что опять потерял-забыл-не сделал, может испытывать острый стыд, а стыд — это тоже аффект, и он тоже, между прочим, тормозит интеллект. Так что даже если ребенок стоит красный, как рак, опустив голову и глотая слезы, не обольщайтесь. Это не значит, что он «все понял» и «сделал выводы», его внешний мозг точно так же «снесен» сильным стрессом, и сегодняшнее острое раскаяние может вовсе не привести к тому, что завтра его поведение изменится.

Родитель, чувствуя, что его слова не воспринимают, сердится еще больше. Стресс обоих становится сильнее, способности соображать еще меньше. И так до тех пор, пока напряжение не разразится в истерике или кто-то из двоих не выскочит из комнаты, хлопнув дверью, чтобы прервать непереносимо мучительный контакт.

«Да нет у него никакого стресса, ему просто плевать на все, что я говорю», — заявляют некоторые взрослые. Может такое быть? Да, бывает. Правда, для этого надо сильно постараться. Если на ребенка регулярно, не пропуская ни дня, орать, критиковать, читать мораль и стыдить, если его постоянно пугать и шантажировать, а лучше еще и бить или запирать в чулане, он просто научится защищаться. «Отмораживаться», как говорят подростки. Отсоединяться от чувств. А это значит — прервет свою связь с родителем. Откажется от привязанности. Это больно и трудно, и дети всегда до последнего стараются этого не делать. Обычно дети даже в очень тяжелой ситуации продолжают страдать от душевной боли, но от привязанности полностью не отказываются. Но некоторым просто приходится, стресс слишком велик и постоянен.

Стресс обоих становится сильнее, способности соображать еще меньше

Если привязанность «отморожена», родитель для ребенка больше не защита и не опора. Но и его осуждение больше особо не пугает. Родителя остается просто терпеть, пока не можешь никуда уйти. Молчать, делать вид, что слушаешь. А то и говорить правильные слова в ответ — почему бы нет, ведь сильных чувств нет, верхний мозг в норме, манипулируй — не хочу.

Возможно, вам приходилось встречать в жизни взрослых людей с «отмороженной» в детстве привязанностью. Они подчеркнуто циничны, любят демонстрировать, что для них «нет ничего святого», порой жестоки и любят этим бравировать. В отношениях склонны манипулировать, «просчитывать» людские реакции, не умеют сочувствовать, презирают эмоциональную чувствительность и ранимость. Обычно не вступают в длительные глубокие отношения, редко создают семьи. При этом считают свой образ жизни правильным, а ценности семьи, любви, заботы — «вредной сентиментальной чушью», часто имеют наготове теории о том, что все это насаждается с целью наживы или чтобы держать людей в подчинении. Категорически не признают, что несчастны, за помощью не обращаются. Презирают людей помогающих профессий, благотворителей, волонтеров, многодетных родителей и всех, кто так или иначе ассоциируется с заботой о ближнем.

Не думаю, что любому родителю в здравом уме и трезвой памяти захочется такого будущего для своего ребенка.

В более мягком варианте ребенок не рвет внутреннюю связь с родителем полностью, но научается игнорировать именно вопли (или нотации). То есть все происходит, как в притче про пастушка и волков, о которой мы так любим назидательно напоминать детям, а стоило бы для начала понять самим. Если слова неодобрения и угрозы родителя сыплются на ребенка постоянно, из-за любого пустяка, его лимбическая система просто устает включать сигнал тревоги, она отвечает: «Ну, волки, волки, сто раз уже волки, надоело. И не подумаю реагировать».

Что это значит? Очень просто: родитель утратил такой канал связи с ребенком, как слова. Так много раз напускался на чадо из-за пустяков, что теперь, даже захоти он предупредить ребенка о реальной угрозе, поговорить с ним о серьезных запретах, все будет мимо ушей. «Волки, волки». Мели Емеля, твоя неделя. Выражаясь экономическими терминами, произошла девальвация родительских слов, они превратились в пустые обертки без смысла. Теперь, чтобы ребенок снова начал воспринимать то, что говорит родитель, тому придется подкрепить свои слова чем-то посерьезнее. Наказанием, угрозами, шантажом. И, возможно, вскоре «легкая» артиллерия постепенно перейдет в «тяжелую».

Что же теперь делать, никогда и слова ему не сказать? Быть всегда спокойным, как удав? А свой стресс куда девать? У родителей же тоже внутренний мозг есть!

Конечно, есть, и о нем надо заботиться, об этом мы чуть позже поговорим подробнее. Но в любом случае быть всегда спокойным нереально. Бывает, что у самого родителя верхний, разумный, мозг снесло напрочь, дети иногда такое творят! Это само по себе не очень страшно, все мы испытываем время от времени аффекты и ничего, живы. Просто надо понимать, что воспитывать ребенка в этом состоянии невозможно и не нужно. Сбросьте стресс. Выскажите чувства. Потопайте ногами, в конце концов. Если в общем и целом ваши отношения с ребенком хорошие и прочные, он, конечно, перепугается и расстроится, но переживет этот стресс, справится. Потом оба остынете, успокоитесь, помиритесь, попросите друг у друга прощения, может, даже поплачете вместе (через слезы лимбическая система очень хорошо успокаивается). И вот только потом, когда слезы уже высохли, когда вы оба сидите в обнимку, а если стресс был сильным — то, может быть, вообще через несколько часов, перед сном, или даже на следующий день — имеет смысл говорить все ваши правильные и прекрасные слова. Которые тогда потекут прямехонько от вашего разумного внешнего мозга к разумному внешнему мозгу ребенка и найдут там свое законное место, запомнятся, станут не только вашими, но и его мыслями.

Неудивительно, что оказываются действенны методы конструктивного общения, например «активное слушание», родившееся из идеи американского психолога Томаса Гордона использовать в общении родителей с детьми приемы гуманистической психотерапии (в нашей стране эти методы стали широко известны благодаря книгам Ю. Б. Гиппенрейтер). Секрет прост: «активно слушая», распознавая и называя чувства и потребности ребенка, мы этим самым даем ему понять: я здесь, я с тобой, я по-прежнему «твой» взрослый, нацеленный на твои нужды, с нашей связью все в порядке, чтобы бы ты там ни натворил. Соответственно, ребенок не впадает в стресс и может слышать, думать, здраво оценивать свои поступки, их последствия, предлагать варианты решения проблем.

Заодно становится понятно, почему некоторых родителей, у которых очень хорошие, глубокие отношения с детьми, подобные книжки, наоборот, раздражают. Там описана техника, а зачем техника, если все естественно и само собой так? Ну, как если поймать человека, который вдохновенно танцует вальс, и совать ему в лицо схему правильных движений или считать «раз-два-три». Ему не надо, его раздражает. А вот тому, кто вальс прежде не танцевал, очень даже поможет и схема, и счет. Техники конструктивного общения спасли от конфликтов немало семей, в которых отношения родителей с детьми уже разладились или находились под угрозой.

Кроме того, активно слушая, сложно сказать что-то такое, что само по себе, даже без крика и оскорблений, будет расценено ребенком как угроза привязанности, как информация о том, что любовь к нему родителя небезусловна, непрочна, что его ошибка, его непослушание, его недостатки могут ее поколебать. Вот об этом поговорим чуть подробнее.

«Стань таким, как я хочу»

Давайте проведем небольшой мысленный эксперимент.

Подумайте прямо сейчас о чем-то, что вам в себе не очень нравится. Например, лишний вес. Или излишняя обидчивость. А может быть, привычка все откладывать на последний момент. Опишите на бумаге или вслух эту свою особенность, объясните, почему это плохо и почему следовало бы что-то в себе изменить. Приведите убедительные доводы: лишний вес вредит здоровью, обиды по пустякам ухудшают отношения с людьми и портят самочувствие, привычка к авралам не раз уже ставила вас в трудную ситуацию, и так далее.

Что вы чувствуете, когда говорите об этом? Очень ли вам неприятно думать о своих недостатках? Согласны ли вы, что изменить себя было бы очень неплохо? Есть ли желание приступить к изменениям в жизни или хотя бы их обдумать?

А теперь представьте себе, что тот же самый текст с доводами и призывами измениться произносит другой человек, обращаясь к вам. Дословно тот же самый, только «я» заменил на «ты». И объясняет вам, как вредно быть таким толстым или как глупо обижаться по пустякам, как необходимо наконец научиться делать все вовремя.

Что вы чувствуете теперь? Как изменилось ваше настроение? Что произошло с желанием «начать новую жизнь»?

Большинство людей, проводя этот опыт, замечают, что те же самые слова, которые довольно мало расстраивают их, когда речь обращена к самому себе, в устах другого звучат обидно и неприятно. Что планы по изменению своей внешности, характера или привычек, которые мы строим сами, могут вдохновлять, а те же планы, озвученные извне, — вызывать сопротивление и протест. Сразу хочется ответить воображаемому собеседнику, читающему нам мораль: «Отстань! А мне так нравится! Не учи меня жить!»

Мы, люди, уникальные личности. Мы такие, какие мы есть, и наши недостатки — тоже часть нас. Мы не хотим меняться по первому требованию каждого встречного и поперечного. И не будем. Только подумайте, что было бы, если бы вас могли менять с помощью уговоров, объяснений и убеждений все, кого что-то в вас не устраивает? Начальник, соседи, свекровь? Стоит им вас покритиковать — и вот вы уже изменились. Стоит убедительно объяснить, как вы не правы — и вы уже другой человек. Даже страшно становится, как подумаешь. К счастью, это невозможно. Люди умеют отстаивать свою целостность, свою идентичность. И взрослые умеют, и дети тоже.

Причем, обратите внимание, наш эксперимент был невероятно, неправдоподобно щадящим. Воображаемый «другой человек» говорил только то, что вы сказали о себе сами. Он не прибавлял ничего вроде «зла на тебя не хватает», или «уже дурак бы понял», или «как не стыдно быть такой свиньей». Он не повышал голос. Он не критиковал вас при друзьях. Не грозился наказать, если вы не послушаетесь. Он был сущим ангелом, образцом корректности и деликатности. А главное — это был всего лишь воображаемый собеседник, от которого вы можете легко отмахнуться и тут же забыть его противную воображаемую физиономию. Стоит представить себе на его месте, например, супруга — и вы почувствуете, как протест сменяется обидой, а то и яростью. Мы так не договаривались! Самые близкие люди должны принимать нас такими, какие мы есть, иначе нам становится очень плохо и страшно. А если я не смогу изменить характер — ты меня что, бросишь? А если не похудею — разлюбишь? А если еще раз опоздаю — отвернешься, не станешь ждать? Да какая же это любовь, если она все время висит на волоске, зависит от множества условий?!

Мы помним, что отношения ребенка с родителем для него еще более значимы, он еще больше зависит от того, чтобы любовь родителя к нему была незыблема, как скала, чтобы эта связь не могла быть прервана ни ошибкой, ни глупостью, ни несовершенством характера, внешности, способностей. Попытка установить ребенку «планку ожиданий» ввергает его в глубочайший стресс, вызывает сильный протест. И вместо ожидаемого «педагогического эффекта» своих нотаций и вразумлений мы получаем явный или скрытый саботаж, а порой и парадоксальную реакцию: ребенок усиливает как раз то поведение или качество, которым мы часто бываем недовольны. Как это работает?

Представьте себе, что вы гуляете по тропе над пропастью (а это в некотором смысле вообще метафора нашей жизни) и страхует вас прочная веревка, которую держит с той стороны человек, которому вы абсолютно доверяете, больше, чем себе. Именно так воспринимает ребенок свою привязанность к родителю и родителя к нему. И вдруг вам кажется, что веревка ослабла, провисла как-то. Что случилось? Отпустил? Забыл? Бросил? Ушел? Спросить вы не можете, пойти разузнать тоже — страшно же шаг ступить, без страховки-то. Что вы будете делать?

Естественно, дергать за веревку в надежде, что она просто немного провисла и сейчас снова натянется и станет прочной и надежной, как раньше. Дергать с замиранием сердца — а вдруг дернешь, и окажется, что на том конце ее выпустили? Но если не дернуть, то как узнать?

Вот именно это и делает ребенок, когда у него есть сомнение в прочности привязанности. Дергает за веревку. Снова пробует то именно поведение, которое, по опыту, ставит отношение к нему родителя под угрозу. «Ты по-прежнему мой взрослый? — словно спрашивает он. — Даже если я вот так делаю? Даже если я плохой? Я не могу жить в такой тревоге, ответь скорее, чтобы я знал точно». Поскольку вопрос этот рождается во внутреннем мозге, ребенок задает его не словами, а поведением. И ответа ждет не словами («Да, конечно, я тебя очень люблю, иди поиграй в своей комнате» — раздраженным голосом), а чувствами и действиями.

В одной из лучших серий английской телеэпопеи про «Доктора Кто» показано, какой разрушительной силой может обладать ребенок, мучимый тревогой за свою привязанность. Там маленький мальчик, который не понимал, почему его мать отрицает, что она его мать, как призрак ходил ночами по городу, обращаясь к каждому встреченному взрослому с вопросом: «Ты моя мама? Скажи, ты моя мамочка?» — и каждый, кого он касался, тоже превращался в такого потерянного ребенка, внутри которого не оставалось ни разума, ни доброты, ни способности сопереживать — только один этот вопрос, делавший их опасными для всех вокруг. И прекратилось все только после того, как мама обняла своего ребенка, хотя это было очень непросто и смертельно опасно для нее, и твердо сказала: «Да, я твоя мама, и я всегда буду твоей мамой».

Если у родителя получается дать ребенку понять, что, мол, ты, дорогой, конечно, наломал дров, но не волнуйся, я тебя по-прежнему люблю, я с тобой, можешь на меня рассчитывать, веревка прочна, — ребенок успокаивается и может изменить поведение. Если взрослый в ответ тоже заводится, сам попадает под власть тревоги «он теперь всегда будет так делать, я плохой родитель, я не справляюсь, он меня не слушается, это он назло, нужно быть пожестче с ним, чтоб неповадно было впредь» и все в таком роде — вопрос ребенка не снимается, а только становится острее. А значит, следует ждать чего? Правильно, повторения и того самого, непереносимого для родителя поведения.

Это еще одно важнейшее качество привязанности — для нее «Не по хорошему мил, а по милу хорош». Мы можем сколько угодно внешним, разумным мозгом понимать, что есть, конечно, дети красивее, талантливее, умнее нашего. Но нашему внутреннему мозгу, нашей привязанности нет дела до объективных критериев. Конечно, наш самый лучший, самый сладкий, самый гениальный и самый неотразимый. Ну и что, что лопоухий и двоечник. Мы ни за что не променяем его на чужого отличника с рекламной внешностью. Нам наш нужен. Свой, родной, любимый. Какой есть, такой и нужен. И важно, чтобы сам ребенок тоже это чувствовал.

Сильные средства

«А может, просто его наказать посильнее?» — наверное, нет такого родителя, который хоть раз не задавался бы этим вопросом. Разговоры не помогают. Тогда, может быть, пора переходить к действиям?

С наказаниями вот какая есть проблема. Во взрослой жизни-то наказаний практически нет, если не считать сферу уголовного и административного права и общение с ГИБДД. Нет никого, кто стал бы нас наказывать, «чтобы знал», «чтобы впредь такого не повторялось». Все гораздо проще. Если мы плохо работаем, нас уволят и на наше место возьмут другого. Чтобы наказать нас? Ни в коем случае. Просто чтобы работа шла лучше. Если мы хамоваты и эгоистичны, у нас не будет друзей. В наказание? Да нет, конечно, просто люди предпочтут общаться с более приятными личностями. Если мы курим, лежим на диване и едим чипсы, у нас испортится здоровье. Это не наказание — просто естественное следствие. Если мы не умеем любить и заботиться, строить отношения, от нас уйдет супруг — не в наказание, а просто устанет, и все. Большой мир строится не на принципе наказаний и наград, а на принципе естественных последствий. Что посеешь, то и пожнешь — и задача взрослого человека просчитывать последствия и принимать решения.

Если мы воспитываем ребенка с помощью наград и наказаний, мы оказываем ему медвежью услугу, вводим в заблуждение относительно устройства мира. После 18 никто не будет его заботливо наказывать и наставлять на путь истинный (собственно, даже исконное значение слова «наказывать» — давать указание, как правильно поступать). Все будут просто жить, преследовать свои цели, делать то, что нужно или приятно лично им. И если он привык руководствоваться в своем поведении только «кнутом и пряником», ему не позавидуешь.

Кроме того, как только мы задумываемся, «не наказать ли», тут же возникает вопрос: «А как?» Этот вопрос очень любят задавать психологам. Хорошо, раз уж у нас тут ревизия арсенала, давайте рассмотрим и арсенал наказаний.

Начнем, конечно, с вопроса, по сравнению с которым бледнеет знаменитая дилемма Гамлета: «Бить или не бить?» На самом деле этой короткой формулой описываются ситуации очень и очень разные. Вот, например:

Мама гуляет с трехлетним сыном. У него кризис негативизма, и он решительно настроен качать права. То есть, что бы мама ни сказала — делать все ровно наоборот. Пока они гуляют в парке, маме удается балансировать на грани скандала. Где-то уступить, где-то отвлечь. Но вот пора идти домой, предстоит переходить оживленную улицу. «Дай мне руку!» — говорит мама, а молодой человек, который все наоборот, руку прячет за спину и с веселым хохотом припускается бегом от мамы — в сторону дороги. Она его догоняет, хватает и пару раз основательно шлепает по попе. Он ревет, но больше не вырывается, они переходят дорогу. Малыш обиженно размазывает по лицу слезы. На той стороне мама останавливается, обнимает его, вытирает ему лицо и что-то говорит, успокаивает. Он кивает, и они идут дальше за руку.

Восьмилетняя девочка пошла гулять с ребятами во дворе и пропала. Бабушка хватилась, побежала искать — нету. Позвонила на работу родителям, те примчались, вызвали милицию, подключились соседи, все прочесывали микрорайон, умирая от страха, что с ребенком случилось самое ужасное. Рядом река, да и мало ли какие люди бывают. Лишь когда стало темнеть, девочка объявилась сама — они со старшей подружкой ушли в соседний двор, там строили домик в кустах и не слышали, как их искали. Заигрались, забыли про время. Девочка очень удивилась, что все так перепугались — сама-то она знала, что с ней все в порядке. Дома папа сначала поставил дочь в угол «подумать о своем поведении», а через час сильно выпорол: «Чтобы запомнила и в другой раз неповадно было». Мама была против, но отговорить мужа не смогла.

Десятилетний Сережа знает — если он приносит из школы двойку, папа его накажет ремнем. Папа не вникает в подробности: за что двойка, справедливо или нет. Он не особо сердится, только говорит: «Опять позоришь нас? На всем готовом живешь, все для тебя делаем, только и требуется, чтобы учился, а ты чем занят? Неси ремень!» Выпоров, отец отправляет Сережу «заниматься, чтобы все исправить» и больше к теме не возвращается. Сережа старается не давать учителям дневник, иногда упрашивает их не ставить туда оценку. Наказаний боится, но считает их заслуженными. Папу любит. Школу не очень.

Мама ругается с дочерью-подростком: та совсем не помогает по дому, прогуливает школу, начала курить. Обещала, что больше не будет, но вот опять в кармане сигареты. На гневные вопросы матери начинает отвечать с издевкой: «И что ты мне сделаешь? Мультики смотреть запретишь?» Потеряв над собой контроль, мать бьет ее наотмашь по лицу, потом еще раз. Девочка кричит: «Чтоб ты сдохла!», убегает в свою комнату и там рыдает. На следующий день она не идет в школу, потому что на лице виден след от затрещины. Кроме того, ее тошнит и кружится голова — видимо, легкое сотрясение. Мама чувствует себя виноватой, но по-прежнему очень зла на дочь. Они не разговаривают.

Как видите, ситуации очень разные. Где-то это разовый случай, где-то систематический метод наказания. Где-то способ воздействия на ребенка, где-то проявление собственной истерики. Одни родители уверены, что правы, другие, побив ребенка, страдают сами. В одних случаях побои не будут имеет особых последствий для ребенка и его отношений с родителями, в других могут сильно травмировать, а отношения испортить навсегда. Мы не берем здесь по-настоящему патологические случаи, взрослых-садистов, описанных Диккенсом и Помяловским. Вряд ли они станут читать эту книжку, а работа с ними — дело следователей по уголовным делам и/или психиатров, а не психологов. Мы о ситуациях довольно типичных, в которых при известном стечении обстоятельств может оказаться практически каждый. В том числе и те, кто, в отличие от отца Сережи, в принципе против физических наказаний.

Собственно, только о них и имеет смысл разговаривать, потому что такие, как отец Сережи, тоже не читают обычно книжек о воспитании и презирают «все эти выдумки про психологию». Их отношения с детьми обычно не очень глубокие, и если сам ребенок по своей врожденной нервной конституции не особо чувствителен, а в разных других ситуациях папа все же защищает и заботится о сыне, такие методы воспитания сильно не навредят. Хотя, конечно, любви к учебе тоже не привьют, просто научат хитрить и приспосабливаться, но папу это ведь вполне устраивает, ему все равно, что Сережа знает и понимает — лишь бы не было двоек в дневнике. Значение имеет и социальная норма: если Сережа знает, что так наказывают всех его сверстников, это одно. Если он понимает, что лупят только его, если для него это не только больно, но и мучительно стыдно, это другое.

Если Сережа окажется ребенком тонким и чувствительным, тогда да, это трагедия. Очень скоро он внутренне отсоединится от своего отца, начнет его ненавидеть, а потом и презирать. На месте былой детской привязанности, готовой многое терпеть и прощать, останется только шрам, след от ожога. Это очень хорошо описано у Гарина-Михайловского в «Детстве Темы». Но у Темы была любящая, понимающая мама. Он потерял близость с отцом, но в целом вырос вполне психологически благополучным человеком. А если мама говорит: «Совсем разболтался, вот придет отец — он тебе покажет»? Что делать ребенку со своей чувствительностью?

Проблема физических наказаний — она ведь не только в том, что ребенку больно и страшно прямо сейчас. Мы помним, что «свой» взрослый для ребенка — прежде всего источник защиты и чувства безопасности. Когда этот же человек вдруг становится источником боли и страха, у ребенка «земля уходит из-под ног», переворачивается картина мира. Это очень понятно на истории про потерявшуюся девочку.

Папа вряд ли задумывается о том, как связана его готовность хладнокровно выпороть ребенка и то, что ребенок может искренне не задумываться о чувствах своих родных. Между тем суть, механизм первого и второго один и тот же — отсутствие эмпатии, способности непосредственно воспринимать чувства другого человека. Если родитель эмпатично воспринимает ребенка, он просто не сможет осознанно и планомерно причинять ребенку боль, потому что это противоестественно. Сорваться, психануть — да, шлепнуть в раздражении — да, больно дернуть и даже ударить

Когда «свой» взрослый становится источником боли и страха, у ребенка переворачивается картина мира

в ситуации опасности для жизни — да, но вот решить заранее, а потом взять ремень и пороть — не сможет. Потому что когда ребенку больно и страшно — эмпатичный родитель это чувствует напрямую и сразу, всем существом. И продолжать причинять боль в этой ситуации — все равно что, как Муций Сцевола, держать **свою** руку на горящих угольях.

Если родитель с младенчества относится к ребенку эмпатически, то и ребенок научается у него эмпатии. Еще в раннем детстве он точно воспринимает чувства родителя, а к 8—9 годам уже довольно хорошо представляет себе, что чувствует родитель в той или иной ситуации, даже если прямо сейчас не видит его. И для него обрекать родителя на муки тревоги столь же противоестественно, как родителю его бить. Конечно, бывают дети с задержанным психоэмоциональным развитием, то есть эмпатичность родителя еще не гарантирует эмпатичности ребенка, к сожалению. Зато **отказ** родителя от эмпатии (а порка невозможна без такого отказа) с очень большой вероятностью приводит к неэмпатичности ребенка, к тому, что он загуляет, а потом искренне удивится, чего это все так переполошились. Не говоря уже о том, что, вынуждая ребенка чувствовать боль и страх, чувства сильные и грубые, мы не оставляем никакого шанса для чувств тонких, невозможных без участия внешнего, разумного мозга: раскаяния, сострадания, сожаления, осознания того, как ты дорог, хоть ставь его в угол «подумать», хоть нет.

Первая история самая безобидная. Ну, бывает, что, испугавшись за ребенка, вымотавшись от пререканий с ним или просто будучи не в форме, родители срываются на крик или шлепают раз-другой. Если сами они не считают это нормальным и готовы потом восстановить отношения с ребенком: обнять, успокоить, извиниться, если происходит такое нечасто, ничего ужасного нет. Стресс, конечно, но вполне в пределах того, с чем ребенок может справиться без последствий. Исключение составляют дети очень чувствительные, физически или психически ослабленные — их даже разовый срыв может сильно травмировать.

И, конечно, здесь справедливо сказанное выше: надо понимать, что чем тоньше, глубже, эмпатичней ваша связь с ребенком, тем более шоковым переживанием для него будет даже разовый удар, особенно если ребенок уже в сознательном возрасте. Известны случаи, когда один-единственный раз побитый ребенок, у которого прежде были очень близкие, доверительные отношения с родителем, начинал заикаться или получал другой невротический симптом, от которого потом лечился годами.

Так что, хотя мы понимаем, что никто не застрахован от срывов, давать себе на них полную индульгенцию не стоит: станете часто шлепать — ребенок перестанет реагировать, придется бить сильнее, а там уже и до настоящих побоев недалеко. Кроме того, позволяя себе решать проблему с помощью физической силы, вы задаете эту модель ребенку, и вам будет потом сложнее объяснить ему, почему нельзя бить слабых и вообще драться, если чем-то недоволен.

С последней историей дело серьезнее — явно это не первый эпизод уже давно длящейся войны между матерью и дочерью. Затрещина здесь — лишь верхушка айсберга, а под ней много всего — и давно нарушенные отношения, и явное нервное истощение матери, и, возможно, какие-то серьезные проблемы семьи в целом. Этот тип ситуаций особенно опасен, потому что именно в моменты таких взрывов ярости люди всерьез психологически травмируют, а то и физически калечат детей. Приходилось работать с такими родителями — врагу не пожелаешь, в каком аду они потом живут. Тут рецепт только один — не доводить ни себя, ни отношения с ребенком до такого состояния. Поддерживать привязанность, не нарушать границ, заботиться о себе (дальше мы поговорим об этом подробнее).

* * *

Разбираем наши базуки и гранатометы дальше. Средство не менее, а может быть, и более сильное и жестокое, чем физическое насилие — насилие эмоциональное. Оскорбления, угрозы, шантаж («Я тебя тогда не буду любить», «Ты меня в могилу загонишь»), запугивание («Сейчас уйду и оставлю тебя тут», «Отдам в детский дом», «Заберут тебя в милицию») и так любимое «интеллигентными» родителями и люто ненавидимое детьми игнорирование. Все эти методы очень эффективны — стоит объявить ребенку бойкот, не разговаривать с ним, не замечать его, словно его не существует, и очень скоро даже самый строптивый и наглый начнет заискивать и просить прощения. Проверено тысячами родителей. Действительно сильное средство. И теперь мы уже хорошо понимаем почему.

Для ребенка нет ничего ужаснее отвержения со стороны «своего» взрослого. Программа привязанности определенно утверждает: если будет внимательный к тебе взрослый, тот, кто за тобой «смотрит», ты спасен. Если нет — ты обречен. Поэтому угроза родителя «уйти», «отдать» или бойкот, явно демонстрируемое нежелание «смотреть за» очень быстро и эффективно повергает ребенка в настоящий эмоциональный ад. Многие дети признаются, что предпочли бы, чтобы их отлупили. Когда родитель тебя бьет, он все же в контакте с тобой. Ты для него существуешь, он тебя видит. Больно, но не смертельно. Когда родитель делает вид, что тебя не существует, — это гораздо страшнее, это как смертный приговор. Неудивительно, что ребенок будет готов на все, чтобы это прекратить. Неважно, считает ли он на самом деле себя виноватым. Он будет стремиться любой ценой вернуть контакт с родителем, признает свою вину в чем угодно, согласится на любые условия, надо будет — на коленях приползет, умолять будет его простить. Он просто не может иначе, это выше его сил. Даже наставив на него пистолет, родитель не получил бы такой власти над ребенком, как отворачиваясь и не разговаривая. Еще бы это не работало.

Возможно, хорошо освоив технику бойкота, вы сможете держать ребенка в эмоциональном подчинении всю жизнь, даже когда он вырастет (многим родителям удается). Да, у него не будет своей жизни и, скорее всего, своей семьи, ну и что? Зато к вам он будет прибегать по первому зову и выполнять все ваши желания. Возможно, в какой-то момент, в подростковом возрасте, он сможет волевым усилием порвать эту веревку, которой вы каждый раз так больно дергаете его прямо за душу, и возненавидит вас. Но это еще когда случится, а до того можно вполне успешно добиваться своего, ребенок будет как шелковый. Да и опасности никакой — это за побои могут под суд отдать, а за эмоциональное насилие у нас пока не судят. Теперь механизм вы знаете. Использовать этот «эффективный метод» — и ведь культурно же все, без криков-визгов-драки — или нет, решайте сами.

Про оскорбления, унижения и угрозы нет смысла говорить отдельно — по отношению к ним справедливо все то, что мы говорили о побоях. Разовый срыв, обидное слово, обещание «голову оторвать» — это одно. Методичное уничтожение словами — это другое. Во всем остальном — все те же соображения. На эмпатию со стороны ребенка можно не рассчитывать. Урон для отношений большой. Травма для чувствительного ребенка может быть крайне тяжелой. Например, подростковые суициды нередко происходят в тот момент, когда ребенок представляет себе, «что скажут родители»[1]. Что же такое надо говорить, чтобы это показалось ужаснее, чем смерть? Да иногда ничего особенного. Обычный такой текст в духе: «Какая же ты неблагодарная тварь!», «Что из тебя вырастет, а?», «Заткни свой поганый рот!» и все в таком духе. Тут не в грубости выражений даже дело, а в том послании, которое слышит ребенок: «Ты не такой, как нам нужно, нам от тебя плохо, лучше бы тебя не было». А дети, они же нас любят. Чего не сделаешь для мамы с папой, чтобы они так не расстраивались...

* * *

Ну, хорошо, допустим, мы готовы перейти к разоружению и отказаться от всех этих жестоких и довольно опасных для детей

---

[1] Подростковый суицид – сложное явление, он не всегда говорит о том, что у ребенка были плохие отношения с родителями. Иногда причины совсем в другом, от отношений со сверстниками до ранних проявлений психического заболевания.

методов. Когда мы в здравом уме и трезвой памяти, мы, конечно, не станем орать, бить или бойкотировать. Но что делать в те моменты, когда «накатило»? Когда не справляешься с собой и оно само как-то так получается?

Чаще всего такое случается с теми, кого самого в детстве воспитывали с помощью «тяжелой артиллерии». Модели, которые дети неосознанно копируют с родителей, очень цепкие. Когда наш внешний мозг в порядке, мы можем выбирать, мы можем отказываться от моделей, которые нам не нравятся, и использовать другие. Но когда мы в стрессе и управление потеряно, сам собой включается режим автопилота, а там у нас что? То, что делали наши мама с папой. И если они били, то рука тянется к ремню, если не разговаривали, мы не можем заставить себя повернуться в сторону ребенка, если орали, срываемся на крик.

Это проблема непростая. Вот так вдруг, волевым усилием, программу своего автопилота не перепишешь. Прежде всего нужно постараться преодолеть автоматизм, превратить модель из «того, что происходит со мной как-то само собой» в «то, что делаю я сам», хорошо это или плохо. Здесь важно даже то, как об этом говорится. Если сказать «Ребенок получил ремня» или «Ему по попе прилетело», сразу попадаешь в языковую и ментальную ловушку: «Я тут ни при чем, это оно само». Но мы же знаем, что никто сам по себе ничего не получал. И уж точно никому ничего от мироздания не прилетало. Это вы его побили. И пытаетесь снять с себя ответственность. Это самообман. Пока вы ему предаетесь, ничего не изменится. Как только научитесь хотя бы не вслух, а про себя говорить: «Я побил (а) своего ребенка», удивитесь, насколько вырастет ваша способность к самообладанию. То же самое с фразами типа «Без этого все равно нельзя». Не надо обобщать. Научитесь говорить: «Я пока не умею обходиться без битья (крика, бойкота)». Это честно, точно и обнадеживает.

Привычка эмоционально разряжаться через ребенка — если вы срываетесь часто — это просто дурная привычка, своего рода зависимость. И эффективно справляться с ней нужно так же, как с любой другой вредной привычкой: не «бороться с», а «научиться иначе», постепенно пробуя и закрепляя другие модели. Не «с этой минуты больше никогда» — все знают, к чему приводят такие зароки, а «сегодня хоть немного меньше, чем вчера» или «обойтись без этого только один день» (потом «только одну неделю», «только один месяц»). Не пугаться, что не все получается. Не сдаваться. Не стесняться спрашивать и просить помощи — у родных, друзей, у специалистов. Держать в голове древнюю мудрость «Лучше один шаг в правильном направлении, чем десять в неверном».

Не снимая с себя ответственности, важно и в самобичевание не впадать. За вашими срывами скорее всего долгая, в даль поколений уходящая невеселая история детей, которым доставалось от родителей, которые сами были несчастны, потому что их родителям было несладко, и так далее. Поиски виновных тут ни к чему не приведут. Прервать эту порочную цепь можно только сочувствием, в том числе к самому себе, к тому ребенку, которым вы когда-то были. Иногда, если «накатывает», самое правильное — прекратить воспитание своего реального ребенка, взять паузу и заняться ребенком внутри себя — его успокоить и пожалеть. Если сложно научиться этому самостоятельно, имеет смысл обратиться за помощью к психотерапевту.

В последние годы все больше родителей, которые приходят к специалистам и говорят: «Меня били (орали, бойкотировали) и я так иногда делаю, но я не хочу». Я безмерно уважаю тех взрослых, которые, сами пострадав от физического и эмоционального насилия в детстве, стараются не передавать «эстафету» дальше. Им гораздо труднее, чем тем, кого в детстве не обижали так сильно и у кого даже в стрессе рука не тянется к ремню, а голос не взлетает до визга. Им правда очень сложно, и не все получается быстро и сразу. Но зато когда все же удается — это многого стоит. Они, как никто другой, представляют себе, от чего смогли оградить своих детей. Награда — разрыв патологической цепи передачи насилия от поколения поколению. Бесценный дар не только детям — внукам, правнукам и прочим потомкам до не знаю какого колена.

На чужой территории, но не малой кровью

Давайте сравним ситуации.

Из комнаты подростка с утра до вечера гремит музыка, ему так нравится. Соседи стучат по батареям, в доме уже у всех болит голова, а он если и делает тише, то ненадолго, а потом опять прибавляет звук.

Вы входите в комнату своей дочери-подростка. Без стука, ваша же дочь и квартира ваша. А чего ей скрывать от матери-то? В комнате, как обычно, бардак. Вещи валяются, у компьютера лежат надкусанное яблоко и лифчик (вы, кстати, такой ей не покупали — откуда он?), у порога — рюкзак, сделав еще шаг, вы спотыкаетесь о ролики. «Что тут у тебя творится, зайти нельзя!» — возмущенно восклицаете вы и начинаете собирать рассыпанные по кровати тетрадки. Дочь фурией бросается на них и вопит: «Ну, и не заходи, тебя никто не просил!»

Чем они отличаются? И там, и там речь идет об агрессии, о нарушении чужих границ, о захвате чужой территории. В первом случае агрессор — подросток, во втором — родитель. И хотя это две разные ситуации из разных семей, скорее всего, и в первой и во второй агрессия имеет место с обеих сторон.

Проблема, о которой идет речь, — проблема границ, одна из самых болезненных в семейной жизни. Непросто бывает принять, что, хотя мы и члены одной семьи, близкие люди и любим друг друга, каждый из нас — отдельная личность. Которая имеет право на свою территорию, как в буквальном смысле (свой стол, кровать, комнату), так и в переносном (свое время, своих друзей, свои увлечения, мысли, чувства, ценности).

Дети, особенно те, что постарше, очень чутки к проблеме границ. Наверное, вы и сами замечали: если мы находимся «на своей территории», например, ребенок взял у нас без спросу какую-то ценную вещь и не положил на место, а то и сломал, то мы можем кричать и топать ногами, грозить самыми страшными карами и даже наказывать, но ребенок на нас не обидится. Потому что мы в своем праве. Но стоит нам залезть на его территорию и начать предъявлять претензии, даже в гораздо более вежливой и мягкой форме, за то, что по большому счету не наше дело, как ребенок реагирует крайне болезненно. И эти обиды могут помниться всю жизнь. Многие взрослые и в 50 лет помнят, как мама пожаловалась всем родственникам, что ребенок описался на празднике, как папа наказал их за то, что отняли свою (!) вещь у младшего брата, как родители без спроса прочитали личный дневник или выкинули любимого старого мишку.

Конечно, дети возмущаются. Каков привет, таков ответ. Вы совершаете агрессию, влезаете на чужую территорию и получаете закономерный отпор. Когда на нашу территорию кто-то влезает без разрешения, мы сопротивляемся, и это вполне естественно. С возрастом мы научаемся противостоять агрессии без грубости, вежливо, но твердо. Но в детстве, да еще при столкновении с таким мощным агрессором, как собственный родитель, единственный способ защититься — грубость, крик или отказ от общения. Справиться с этим поведением ребенка совсем просто — достаточно изменить свое поведение, перестать быть агрессором, и поведение ребенка изменится автоматически. Все равно у нас нет другого способа научить детей, например, стучаться, прежде чем войти, кроме как самим стучаться, или научить их не брать чужого без спроса, кроме как самим у них спрашивать разрешения воспользоваться их вещью. В противном случае все будет как обычно: мы будем произносить правильные слова, а дети будут копировать наши поступки — правильные и неправильные, уж какие есть.

Еще один частый случай нарушения границ — требование «сделать немедленно». Почему-то многим взрослым кажется, что если ребенок не бросает мгновенно все, чем был занят, и не бежит выполнять их поручение, это признак неуважения. На самом деле неуважение — это обращаться к человеку не с просьбой, а с приказом, не интересуясь его планами и желаниями (исключение составляют только ситуации чрезвычайные, связанные с безопасностью).

В этом случае у ребенка два варианта поведения: либо защищаться, пытаясь сохранить самоуважение ценой грубости, либо подчиниться, проглотив обиду. Каждый такой «глоток» — трещина в отношениях. Проявленное взрослым неуважение, грубость, высокомерие никуда не деваются, ребенок просто «гасит» их волевым усилием внутри собственной души. Бесследно это не проходит. Трещина к трещине — и вот уже отношения отравлены обидой, злостью, унижением. А ребенок очень дорожит отношениями, для него, как мы помним, они жизненно важны. Он меньше всего хочет накопления трещин и поэтому пытается отбить удар, рискуя даже быть наказанным. Потому и грубит.

На самом деле за требованием безусловного подчинения обычно стоит страх утратить власть над ребенком, контроль над ним. Дашь слабину — на шею сядет, ножки свесит. Начнет пререкаться, совсем обнаглеет. Спокойно. Мы помним, что ребенку очень важна привязанность. Если его отношения с родителем хорошие, если он доверяет вам, он **хочет** слушаться. Для него это естественно, так же, как позвать вас на помощь, если он испугается или больно ударится. По умолчанию в любого ребенка встроена опция «сделать так, как велит “свой” взрослый». Да, есть ситуации и возрастные периоды, когда дети склонны «качать права», но в большинстве случаев им проще и приятней послушаться родителей.

В семьях, где просьбы к ребенку — всегда именно просьбы и сопровождаются словами «пожалуйста», «если тебе не трудно», «когда тебе будет удобно», «когда освободишься», «если ты не очень устал» и тому подобными, конфликтов и препирательств почти не бывает. Да, ребенок может увлечься и забыть, и вам придется ему напомнить. Но это не злостный саботаж, а обычная детская невнимательность. Если напомнить тоже без агрессии, он вскочит и поспешит выполнять поручение. И даже, весьма вероятно, скажет «прости, я увлекся и забыл». Еще чуть повзрослев, ребенок станет сам замечать, что вы устали, перегружены, что вам нужна помощь. И вы услышите: «Отдохни, я сам сделаю». Не потому, что строили и гоняли. А потому, что сами не раз демонстрировали ему именно эту модель поведения — модель уважения границ, помощи и заботы.

Власть и забота

Слушайте, но ведь он тогда избалуется? — наверняка спрашивает сейчас каждый второй читатель, а может, и каждый первый. Не так ли получаются дети, похожие на барчука из рассказа Куприна «Белый пудель»? Ужас же: неуправляемый, эгоистичный, да просто противный.

Давайте разберемся. В привязанности родителя к своему ребенку две важные составляющие. Он должен, с одной стороны, опекать, защищать и заботиться. С другой — руководить, обучать, устанавливать границы дозволенного. Забота и власть. Властная забота[2]. Это работает только вместе, только «в одном флаконе». Если мало заботы — родитель превращается в тира-

---

[2] Гордон Ньюфелд, известный канадский психолог, развивающий теорию привязанности, называет такую родительскую позицию «позицией заботливой альфы», в Рунете есть интересное сообщество http://alpha-parenting.livejournal.com/, где ситуации с детьми рассматриваются именно под этим углом зрения.

на, часто жесткого и несправедливого. Если нет властности — в обслугу или вечно ноющего и жалующегося «слабака». Обычно у кого-то проседает одно, у кого-то другое. Проседающая забота политкорректно называется «строгостью», а проседающая властность — «либеральным воспитанием».

Есть родители, которым легко доминировать и требовать, дети их слушаются и не садятся на голову, но при этом родитель часто не понимает чувств и потребностей ребенка. Он может тратить очень много сил и времени на ребенка, но заботиться не о том, что нужно самому ребенку, а реализовывать некое свое представление о том, как «правильно» — как ребенку есть, одеваться, строить свой день, учиться, развлекаться, как себя вести, что думать и что чувствовать. Такому родителю сложно принимать растущую самостоятельность ребенка, его своенравие, его непохожесть. Очень часто в собственном детском опыте таких родителей — тоже насилие и вызванная им необходимость «отморозить» чувства, поэтому им трудно дается эмпатия, а значит, и забота.

Дети в этой ситуации часто бывают обижены, напуганы, они не могут довериться своему взрослому, потому что в любой момент ждут от него насилия, если не физического, то психологического. Привязанность представляется им небезопасной, и они принимают меры: врут, дистанцируются от родителей, а ближе к подростковому возрасту нередко начинают бунтовать, хамить или уходить из дома.

Другие родители, напротив, чувствительны к потребностям ребенка, заботливы — но не решаются занять взрослую, властную позицию, пытаются общаться с ребенком «на равных», «как друзья». Нередко сами такие папы и мамы в прошлом — дети родителей первого типа, с проседающей заботой, давящих. Натерпевшись в детстве, они решают, что со своими детьми будут вести себя иначе — и впадают в другую крайность. А иногда это происходит вообще неосознанно: ведь если растешь с давящим

Дети в этой ситуации часто бывают обижены, напуганы, а ближе к подростковому возрасту нередко начинают бунтовать

родителем, требующим беспрекословного подчинения, очень трудно отрастить в себе взрослую роль, способность доминировать в отношениях. Вот и получается вечный зависимый ребенок, который не перестает быть несамостоятельным и слабым даже после рождения собственных детей.

Пока ребенок совсем мал, все идет неплохо, он наслаждается теплом и заботой. Но как только ребенок начинает «качать права», пробовать на зуб прочность границ, выясняется, что родитель не способен доброжелательно, но твердо встретить этот вызов. Он пугается воплей и протестов своего маленького ребенка так же, как когда-то пугался истерик матери или грозных криков отца. Он демонстрирует беспомощность, причитает на тему «я с ним не справляюсь», причем обычно сообщает это всем родным и знакомым, пытается управлять поведением ребенка, демонстрируя свою слабость: плачет, обижается, надувает губы и ждет, пока ребенок «извинится». Паникует и злится при криках и истериках.

Как это все выглядит с точки зрения ребенка? Он, конечно, тоже пугается. Если мама так боится меня, когда я скандалю и брыкаюсь, что она будет делать, если придет Бармалей? Законный вопрос, согласитесь. Для ребенка важно, чтобы «его» взрослый был надежной защитой и опорой, чтобы от него исходила уверенность и сила. Что ему делать, если в большом непонятном мире он, «Очень Маленькое Существо», как говорил Пятачок, остался фактически один, ведь беспомощный, ноющий, обижающийся родитель — не в счет? Ребенок становится тревожным, нервным, неуправляемым, а родитель и не собирается его «упаковывать» — он просто пугается и либо устраняется, либо истерит в ответ. Грустная история.

Когда-то в 30-е годы прошлого века Януш Корчак пытался объяснить родителям издержки слишком доминантной позиции, показать, что «делать ребенка удобным для нас» — значит вредить его развитию. Как врач и педагог, он видел результаты этого воспитания — потухших, вялых, робких детей с притупленными чувствами, задавленной творческой инициативой или детей ощетинившихся, озлобленных, не доверяющих взрослым, постоянно отстаивающих свою независимость, где надо и где не надо.

Позже, выдохнув после ужасной войны, другое уже поколение родителей ударилось в противоположную крайность — либеральное воспитание: «быть с ребенком на равных», не давить, не ограничивать, не командовать — пусть растут счастливыми и свободными. Однако обернулось это все совсем не счастьем и свободой, а детскими неврозами и опять же отсутствием доверия к взрослым. Дети, которых изнутри буквально разрывала тревога, начинали ужасно себя вести, становились неуправляемыми, невыносимыми в общении, и в какой-то момент «либерализм» родителей кончался, сменялся криком, угрозами, а то и побоями. Что окончательно портило отношения с ребенком, но к послушанию не приводило — потому что это были срывы от слабости.

Встречается иногда и «адская смесь», когда ни заботы, ни властности.

На черноморском пляже мама, не очень уже молодая, ругает четырехлетнего мальчика, который не слушается — не хочет сидеть на коврике в полотенце, как она велела, а хочет бегать по песку вокруг. Сидя на этом самом коврике с полотенцем в руках и даже не пытаясь никак реально изменить поведение ребенка (например, встать и поймать его), мама громко вопрошает: «Нет, ты скажи, мне что, ремень с собой на пляж брать? Тебе дома мало? Прямо здесь тебя лупить, да, чтоб ты слушался?» Потом поворачивается к своим знакомым на соседнем коврике и так же громко (ребенок слышал) говорит им: «Ну, прямо не знаю, что с ним делать. Уже и луплю его, и в угол ставлю, объясняю, что надо слушаться, а он все равно. Замучил меня. Больше не возьму его на море, пусть дома сидит». Говорит она это без особого, надо сказать, отчаяния в голосе и даже с некоторым кокетством.

Что мы здесь видим? Родитель, с одной стороны, проявляет полную беспомощность: он делегирует ребенку — довольно маленькому — решение о том, слушаться или нет, и даже решение о том, где и как его, ребенка, наказывать. Он прямо озвучивает свою беспомощность и как единственный выход называет отделение от ребенка (не возьму с собой), то есть заявляет, что с ролью родителя не справляется и собирается ее оставить, разорвать привязанность (пусть временно). При этом реальной заботы тоже не наблюдается, хотя, наверное, мама считает, что она заботится, стремясь завернуть подвижного мальчика в полотенце и усадить. Потребности ребенка ее не интересуют, она готова прибегнуть (и прибегает, видимо) к жестокому обращению, а уж эмоциональная безопасность ребенка, про которого весь пляж услышал, что его «лупят, а ему все мало», вовсе не принимается в расчет.

Мальчик, видимо, привык делать вид, что не слышит, и так справляться с эмоционально непереносимой для себя ситуацией, чтобы не чувствовать страха, стыда и обиды. Можно себе представить их отношения еще лет через десять. Слушаться он ее не будет, и его можно понять, обращаться к ней за помощью — тоже. Будет вести себя отвратительно, хамить, орать, демонстрировать пренебрежение. Она будет смертельно обижена, ведь в ее картине мира она хорошая мать — воспитывает, следит, чтоб не простыл, возит на море и вообще «я ему все время объясняю». И любит сына, конечно. Жизнь за него отдаст, если потребуется. Но отношения с ним рушит, как будто задалась такой целью.

Повезло тем, кто позицию властной заботы получил по наследству от собственных родителей — знай себе воспроизводи модель, и все будет хорошо. Потому что когда родитель последовательно проявляет властную заботу, с детьми обычно все хорошо, они чувствуют себя спокойно, защищённо, у них много душевных сил и полно занятий поинтересней, чем устраивать истерики или мотать нервы взрослым. Если такой ребенок и делает что-то не то по глупости или из озорства, родителю обычно довольно легко удается поправить дело — ведь ребенок ему доверяет, а значит, последует его просьбам или запретам.

Качественно «избалованный», то есть выросший в защите и заботе, под крылом сильного взрослого ребенок — это ребенок легкий, сотрудничающий, слышащий, любящий. Ему не надо воевать ни с родителем, ни с собственной тревогой, он внутренне расслаблен и потому полон сил, а значит, хорошо развивается и учится, он уверен, что его потребности будут услышаны, и потому готов слышать потребности других, в том числе, став постарше, заботиться о младших и старших членах семьи. У него бывают, конечно, срывы, кризисные периоды и прочие неприятности, но в общем и целом растить такого ребенка — одно удовольствие, не требующее ни жертв, ни надрыва.

К сожалению, не всем так везет, чтобы готовую прекрасную модель получить в наследство. У большинства из нас не хватает либо заботливости, либо властности, модели поведения наших родителей оставляли желать лучшего, и апгрейдить свою родительскую модель приходится прямо по ходу, уже столкнувшись с трудностями во взаимодействии с ребенком. В этом нет ничего страшного, по сути, вся история человечества может быть описана как непрерывная эволюция родительских моделей. В конце концов, не так давно детей вообще в пропасть сбрасывали. Апгрейд вполне возможен, и первый шаг к нему — честно ответить себе на вопрос: получается ли у меня заботиться о реальных потребностях ребенка? и не боюсь ли я ответственности и власти?

У природы нет плохой погоды

Мы выяснили, что ни человека вообще, ни ребенка в частности не очень получается изменить, в ответ на давление он будет защищаться и сопротивляться. Более того, есть качества, которые изменить в принципе невозможно, ни по указке родителя, ни даже по собственному желанию. Например, темперамент. Или особенности работы нервной системы. Или степень ее зрелости. Ребенок не может ни по вашему, ни даже по своему собственному желанию перестать быть медлительным, или гиперактивным, или способным к произвольному вниманию раньше, чем созрели соответствующие отделы мозга. Ну, не может, и все тут, хоть с утра до вечера будет стараться. Однако порой родители с упорством, достойным лучшего применения, стараются изменить именно то, что изменить нереально. Не от нечего делать, конечно. Просто трудно им с ребенком.

Если сами вы, например, холерик и все делаете быстро, а ребенок у вас ярко выраженный флегматик, медлительный и основательный, любые сборы с ним куда-то могут свести с ума. За то время, пока ребенок натягивает одну колготину, родитель успел бы раздеться и снова одеться полностью, от трусов до шубы. И еще в процессе проверить почту в компьютере, собрать бутерброды на завтрак для старшего, обсудить с супругом выпуск утренних новостей и поменять лоток кошке. А младшенький, темпераментом уродившийся не в этого родителя, все пыхтит с колготками. И не спешит совершенно. Как тут не завестись?

Или, например, родитель — меланхолик. Любит тишину и покой, быстро устает, часто у него снижено настроение — не по какой-то причине, а просто так, темперамент такой. А ребенок у него — шумный жизнерадостный сангвиник, двести слов в минуту, и все громким голосом, с размахиванием руками, прыжками на месте и восторженными вскриками. Нет, ничего такого не случилось, просто ребенок так себя чувствует в этом мире и так себя проявляет. Темперамент. Таблетки от головной боли такой родитель всегда носит при себе, время от времени он мечтает о том, как бы спрятаться от ребенка в шкафу, и сам, конечно, этих фантазий стыдится. Но очень уж тяжело.

Что происходит, когда родитель «больше не может это терпеть»? Первый родитель, холерик, скорее всего взорвется и начнет орать, может быть, схватит, дернет, встряхнет. Второй, меланхолик, впадет в отчаяние и «уйдет в себя» или начнет придумывать, как бы прекратить общение с ребенком, избавиться от него хотя бы на время.

Что произойдет с ребенком? Перепугается, расстроится, как минимум будет озадачен. Ведь в его представлении он ничего плохого не делал, не шалил, правил не нарушал, просто был таким, какой он есть. Одевался вот, старался, чтобы две дорожки сзади, одна впереди. Или рассказывал, как они с дедушкой в парк ходили — хорошо же рассказывал, с выражением! Но родитель — совершенно непостижимо почему — рассердился. Ребенок сразу чувствует угрозу привязанности. И что — изменяет свое поведение? Начинает одеваться быстрее (вести себя тише)? Как бы не так.

Темперамент — природная особенность, слабо контролируемая рассудком. Усилием воли под контролем разума мы можем сделать проявления темперамента более сглаженными, приемлемыми для окружающих (например, научиться сдерживаться и не орать, когда рассержен), но изменить сам темперамент мы не в силах. А что происходит, когда ребенок испытывает стресс, поскольку родитель сердится или не хочет с ним общаться? Это мы уже знаем — в лимбической системе включается тревога, внешний, разумный мозг теряет управление, и все проявления темперамента становятся сильнее и ярче. То есть медлительный ребенок замирает вообще, а шумный начинает еще более шумно требовать внимания. К большому восторгу родителя, надо думать.

Сколько бы сил и времени вы ни потратили, вы не сможете сделать гиперактивного ребенка спокойным и уравновешенным, медлительного — расторопным, рассеянного — безукоризненно внимательным, замкнутого — душой компании, чувствительного — невозмутимым. Чем больше вы будете «бороться» с этими качествами, тем больше риск просто невротизировать ребенка и разрушить ваши отношения, а неудобное для вас поведение в результате только усилится.

Поведение, связанное с устойчивыми качествами ребенка, похоже на погоду — глупо пытаться ее изменить, к ней надо приспособиться. И помнить, что «у природы нет плохой погоды»; каждая имеет свои достоинства.

Ваш невыносимо активный живчик в свое время будет резво бегать, когда его сорокалетние сверстники с большими животами залягут на диванах. Ваш копуша пожмет плечами и спокойно пойдет домой, когда его буйные пятнадцатилетние сверстники на спор полезут прыгать с моста в воду. Ваша Маша-растеряша, вечно занятая обдумыванием про себя всяких важных и сложных вещей, будет много читать, а может быть, и сама писать начнет. А ваша сверкоммуникабельная болтушка, у которой знакомых — полшколы и весь район, будет не раз и не два выручать в будущем всю семью, потому что будет знать, где хороший врач, где парикмахер, у кого перехватить денег в долг и кто согласится поливать цветы, пока все в отпуске. И кто в этот момент вспомнит про ее дневник, вечно красный от замечаний «Болтала на уроке»? Наши недостатки есть продолжение наших достоинств, и наоборот. Почему-то мы охотно признаем это по отношению к самим себе, но забываем, когда речь идет о детях.

Если отказаться от попыток менять базовые качества ребенка, его врожденные особенности, то становится возможным сформулировать задачу скромнее: подкорректировать проявления этих особенностей так, чтобы было меньше проблем для самого ребенка и окружающих. Приспособиться к погоде. Рассеянный ребенок все равно будет много чего забывать и путать, но вполне реально добиться, чтобы он перестал выходить зимой на снег в школьной сменке или научился наконец не забывать, что у него уже полчаса вода набирается в ванну. Гиперактивный ребенок вряд ли сможет сидеть за уроками тихо и смирно, но научить его доводить дело до конца хотя бы в половине случаев — реально. Медлительный не начнет летать по квартире, однако не опаздывать каждый день в школу вполне сможет. Застенчивый не полюбит быть в центре внимания, но выступать с докладом перед классом, не теряя голоса и не «проваливаясь сквозь землю», может научиться. Преодолеть ограничения, связанные с выраженными особенностями нервной системы, можно, но это задача не простая, она потребует от ребенка много душевных сил. Которых хватит при одном условии — если они не будут тратиться на оборону от вас. Если вы сами начнете формулировать задачу не как «заставить его», а как «помочь ему».

Иногда помочь — значит просто самому натянуть на него эти самые колготки. Иногда — вовремя отвести к невропатологу, заняться грамотной психокоррекцией. Иногда создать щадящий режим, дать передышку, например вопреки всем правилам не повести в сад, школу, разрешить не делать что-то, что очень тяжело дается, сделать вместо него. Иногда — пойти за желаниями и потребностями ребенка, даже если вам лично они кажутся странными и непонятными. Например, разрешить гиперактивному ребенку учить стихи, вися вниз головой на спорткомплексе и время от времени кувыркаясь на кольцах. Иногда — придумать способ общения, который позволит вам быть вместе, несмотря на то, что вы хотите совсем разного.

Вспоминается давний рассказ одного знакомого папы. У него была очень тяжелая и нервная работа, после которой все, чего ему хотелось, добравшись до дома, — принять душ и лечь. А дома его ждали двое сыновей-погодков, весьма активных молодых людей, которые папу обожали и желали с ним общаться и играть. А папа то сердился и прогонял их из комнаты, то терпел со страдальческим выражением лица, то умолял маму обезвредить детей хоть на полчасика, а мама тоже была усталая и ужин готовила. В общем, не очень получалась счастливая семейная жизнь, хотя все всех любили.

Спасла их традиционная по тем временам поездка «в столицу нашей Родины, город-герой Москву», где в обязательную программу входило посещение Красной площади и Мавзолея. На мальчишек огромное впечатление произвел караул кремлевских курсантов: как они стояли! Не шелохнулись целый час (мальчики специально не уходили — проверяли). С этого момента любимой игрой после прихода папы с работы стал «Мавзолей Ленина». Папа падал ни диван и становился «телом вождя». А мальчишки занимали места в почетном карауле и честно старались не шевелиться и не хихикать. Час не час, но полчаса покоя папе теперь было гарантировано. Немного подремав, он уже мог нормально общаться с семейством.

С какого-то возраста сам ребенок станет понимать, что его особенности могут мешать ему, и захочет что-то изменить, будет готов прилагать к этому осознанные усилия. Медлительный сам предложит ставить будильник на четверть часа раньше, застенчивый запишется в театральную студию, забывчивый начнет составлять списки вещей или заносить напоминалки в мобильник, робкий пойдет заниматься айкидо, вспыльчивый будет стараться держать себя в руках. Очень важно, чтобы к этому моменту он был уверен, что может с вами посоветоваться, попросить помощи, да просто поговорить откровенно о своих особенностях, о том, что ему в себе нравится и не нравится, что можно было бы изменить и как. А до того — не мучайте ни себя, ни ребенка. Не боритесь с природой — приспосабливайтесь.

«Как он пойдет в армию?»

Еще одна могучая сила, которой родители, подобно героям мифов, любят бросать вызов, — это время. Или они время подгоняют, или игнорируют его течение. Словом, как-то непочтительно с ним обходятся.

Яркий пример — пресловутое «раннее развитие». Сколько сил, времени и нервов тратят некоторые родители, чтобы как

можно раньше научить ребенка читать. И всю квартиру буквами и словами обвешивают, и в игры играют, и на занятия с кубиками Зайцева водят. И обычно преуспевают: кроха уже года в четыре вполне читает слова. Есть лишь одно «но». Этот навык ребенку совершенно ни к чему. Нет у него в этом возрасте потребности получать информацию из текста. Ему нужно живое общение, сказка, рассказанная или прочитанная мамой, папой, дедушкой. Да и текстов, интересных и доступных четырехлеткам, не так много. В результате дети, которых научили читать в четыре года (потратив прорву сил и времени), и дети, которых научили в семь (за пару недель), к восьми годам читают абсолютно одинаково. Не отличишь, психологи специально проверяли. Возникает вопрос — зачем было так стараться? Только чтобы пару лет гордиться, что «мой уже, а вот ваш еще»?

Еще чаще требования не по возрасту связаны с поведением.

Мама с двух-трехлетним ребенком в автобусе. Жарко, ехать долго, тягостно. Он крутится, начинает ныть, потом плакать. И получает строгое приказание: «Сиди спокойно!» Конечно, оно остается невыполненным. Ну, не может он спокойно, если ему скучно, он вспотел, хочет пить, и спать, и вообще куда угодно отсюда. И он хочет, чтобы мама его поняла и услышала. Потому и плачет, а как еще? Мама усиливает нажим: «Сиди тихо, а то накажу!» Дите заливается ревом уже в полный голос и получает по попе. Вот и поговорили.

Что происходит? Ребенку предъявляется требование вести себя так, как он не готов и не может. И сможет еще только через несколько лет. Можно ли требовать от него изменить поведение? Конечно, мама могла бы все это время непрерывно его развлекать, отвлекать, рассказывать ему шутки и прибаутки, делать «козу», кормить печеньем и поить соком. Возможно, она даже смогла бы продержаться все время поездки, и ребенок бы так и не заплакал. Но здесь мы имеем дело с изменением поведения мамы, а не ребенка. Она перестала перекладывать на него ответственность, стала регулировать его поведение сама. Очень разумный вариант, если ехать все же надо. Ставить же перед собой задачу «научить двухлетнего малыша терпеливо сидеть в транспорте и не жаловаться» нет смысла. Пройдет время, и он сможет. Сможет помечтать, почитать, поиграть в мобильник, наконец. Все могут, и он никуда не денется. Надо просто подождать. Сейчас же можно либо избегать подобных ситуаций (не ездить никуда с ребенком в час пик по пробкам), либо взять формирование поведения ребенка на себя, быть «весь вечер на арене». А если и это не сработает, уж точно не ругать и не наказывать его за то, что он не способен вести себя как семилетний. Пожалеть, утешить, дать поплакать, в конце концов, возможно, после этого он уснет.

Неудобное поведение ребенка, связанное с конкретным моментом (переутомлен, испуган) или с возрастом (капризы трехлеток, перепады настроения и ершистость подростков), разумнее всего просто переждать. Пытаться менять поведение ребенка, обусловленное просто возрастом или моментом, — это все равно что зимой бороться с сугробами. Можно, конечно, все время сметать снег с любимой клумбы. День за днем, не зная отдыха. Но не проще ли подождать, когда в апреле все само за три дня растает? Да и для цветов полезнее получить все, что предусмотрено природой: и снег, и талые воды, и солнечные лучи. Освобожденные от зимнего укрытия насильственно, просто потому что мы не желаем ждать, они могут просто померзнуть. Как, например, тот малыш из автобуса, который в результате может получить стойкий невроз и потом его всю жизнь будет тошнить в транспорте.

Ничего не бывает просто так. Трехлетке **нужно** научиться настаивать на своем. И поэтому он будет скандалить, и капризничать, и говорить «нет» — этого требует задача возраста. Перевозбудившемуся на детском празднике ребенку **нужно** сбросить напряжение в слезах или дикой беготне. Подростку **нужно** внутренне отделиться от родителей, обрести самостоятельность суждений, и поэтому необходимо научиться спорить с ними и видеть их несовершенство. Потерявшему любимую собаку ребенку **нужно** утратить на время интерес к учебе, потому что все его душевные силы мобилизованы на переживание горя.

Если мы будет пытаться менять естественный процесс, мы либо потерпим неудачу — в лучшем случае (на Востоке это называют «становиться против селя»), либо сломаем этот самый процесс и добьемся желательного поведения, нарушив развитие ребенка.

Встречали ли вы когда-нибудь людей, которые никогда не способны настоять на своем? Всегда со всем соглашаются, и все на них «ездят»? Возможно, их родители в свое время очень «успешно» справились с капризами трехлетки. Так успешно, что с тех пор само слово «нет» присыхает у человека к гортани.

Вообще, формул «Если ребенка сразу не приучишь (отучишь), то так будет всегда» — одна из самых вредоносных в воспитании. Не нужно приучать к рукам — он с них потом не слезет. Нужно сразу приучать к аккуратности, а то так всегда и будет грязнуля. Не нужно приучать спать с мамой, а то никогда не захочет перейти в свою кровать. Нужно сразу приучать все делать самостоятельно, а то как он в армию пойдет?

Такой подход подразумевает взгляд на ребенка как на банку с крышкой, куда что засунешь, так оно там и останется. При всей очевидной вроде бы абсурдности этот взгляд обладает прямо-таки магнетическим действием, буквально гипнотизируя взрослых. «Ну как же так? Так и оставить? Но ведь тогда он будет **всегда** (сосать палец, рыдать в магазине игрушек, забывать сделать уроки, смотреть мультики, проливать на себя кисель — нужное подчеркнуть)! Нужно же что-то делать!»

Это вообще интересный ход мысли. Может, тогда не стоит переводить ребенка за руку через дорогу? Надо сразу приучать к самостоятельности! Пусть сам идет! Дикая мысль, правда? Ведь очевидно, что сначала нужно долго-долго, годами, водить ребенка за руку, постепенно объясняя ему правила движения, потом еще какое-то время переходить улицу с ним вместе, рядом, потом смотреть из окна, как он переходит, потом просить обязательно звонить, что дошел до школы благополучно. И только к подростковому возрасту доверить этот процесс полностью ему. И конечно он прекрасно сможет переходить улицу в двенадцать, хотя в два не мог. Это же очевидно! Однако в других областях почему-то не очевидно.

Порой взрослые напоминают капризную принцессу из известной сказки, возжелавшую подснежников в декабре. Почему нельзя **просто подождать**? Зачем ломиться в дверь, которая еще закрыта и которая сама в свое время обязательно откроется?

Причина — как раз вот этот страх. «Если сразу (не) приучишь, то...» Странная уверенность взрослых, что детей именно они воспитывают и формируют, и надо все предусмотреть, заложить хорошее, заблаговременно пресечь плохое. Сам-то ребенок, если его за уши не тянуть, конечно, и расти не станет. Или вырастет в «типичное не то».

Давайте как-то справимся с этой манией величия. Дети растут и развиваются просто потому, что они дети. Этого достаточно. Ни один ребенок не будет держаться за поведение, обусловленное возрастом или ситуацией, дольше, чем это ему необходимо. Думаете, ему самому сладко, когда он ноет, впадает в истерику или не справляется с чем-то? Тем более если родителей это сердит или расстраивает? Как только он сможет, он сразу же перестанет, он же себе не враг. В пять ему уже не захочется ложиться на пол в магазине, требуя немедленно купить машинку. В десять он сможет сам собрать портфель и ничего не забыть. После того как он привыкнет к новой школе, он будет ходить туда с удовольствием, а не ныть каждое утро, что живот болит. Когда гормональные подростковые бури улягутся, он будет с утра улыбаться, а не ходить мрачнее тучи. Трудное поведение, обусловленное возрастом или сегодняшним состоянием ребенка, — тот самый случай, когда лучше всего настроиться на мудрость царя Соломона: «И это пройдет». Вы даже себе не представляете, как быстро пройдет, и оглянуться не успеете, как будете с улыбкой умиления и легкой грустью вспоминать, «какой он был маленький».

Другой вариант «борьбы с временем» — наоборот, не замечать, как ребенок растет и меняется, у него появляется свое мнение, свои интересы, свои ценности.

Мальчика 11 лет отводят в школу, встречают из школы, никуда не отпускают одного, даже в ближайший магазин за хлебом. Встречая его после уроков, бабушка при одноклассниках завязывает ему шарф получше и громко спрашивает, хорошо ли он покушал. После школы он делает уроки под присмотром бабушки, затем идет на музыку или на шахматы. Гуляет только вместе с бабушкой в ближайшем парке. Однажды мальчик вылезает из окна школьного туалета и сбегает с ребятами играть в футбол, бабушка пугается до сердечного приступа, вечером в семье устроена большое разбирательство, во время которого в ответ на вопрос: «Как тебе не стыдно?» — мальчик вдруг кричит на родителей: «Да, не стыдно! Я вообще от вас уйду! Лучше на улице жить, чем с вами!» Взрослые в шоке, по их версии, ребенка «испортила плохая компания» (та самая, которая позвала играть в футбол).

Трудно бывает выбраться из блаженного слияния с младенцем, который полностью от нас зависел и так явно в нас нуждался. Нам по-прежнему кажется, что ребенок — это часть нас, как рука или нога, и он должен хотеть того же, чего мы, любить то же, что мы, делать то, что мы считаем нужным и правильным. А в ответ на его сопротивление злимся и обижаемся: ну, правда, мы же любим его, волнуемся, хотим как лучше! Мы же все для него готовы сделать! А он вот не хочет, чтобы мы «все». Вырос.

Так странно получается. Сначала родители ждут: «Ну когда он уже начнет говорить!» Потом мечтают: «Ну, помолчал бы хоть пять минут, голова трещит!» Потом жалуются: «Ну, скажи хоть слово матери, как ты живешь, что ж это — буркнул: “нормально” и все?!» На нас не угодишь. Мы всегда недовольны. А ведь сегодняшний день есть у вас только сегодня. И мы пропускаем его, пока пытаемся торопить будущее или удерживать прошлое.

Не воюйте со временем. В мифе, кстати, бог времени Кронос съедал собственных детей — аж целиком глотал. Современные родители тоже иногда их поедом едят, требуя того, на что дети сейчас просто не способны. И себя заодно грызут — как же так, все уже, а мой еще; все еще, а мой уже — видимо, я плохой родитель. Не стоит. Попробуйте почувствовать возраст ребенка, его неповторимость, его прелесть. Он никогда уже не будет таким, как сейчас. Сладкий малыш. Нежный кузнечик-пятилетка. Серьезный первоклассник. Полный энергии и интереса к жизни десятилетний. Подросток, такой несуразный и такой уязвимый. Все тот же, ваш, и совсем разный в каждом возрасте. Наслаждайтесь.

Чувства неправильными не бывают

Есть еще кое-что, с чем родители порой пытаются воевать, а не надо бы. Это чувства ребенка, которые нас пугают, расстраивают или раздражают.

Ребенок боится спать один. Ну, мы-то, конечно, знаем, что скелет под кроватью, которого он боится, нереален, в отличие от машин на дорогах. Но для него-то реален! Гораздо более чем машины, потому что скелета, такого страшного, он почти прямо видит и почти прямо слышит, как тот скребет своими костями об пол. А машина — чего ее бояться? Едет и едет себе.

Кстати, интересно было бы узнать, как дети объясняют себе, почему от одних опасностей взрослые готовы их оберегать, а другим спокойно отдают на растерзание, да еще и стыдят, что ты боишься? Какая у них на эту тему версия в голове? Может, и никакой особой нет, они привыкли, что взрослые — довольно нелогичные существа.

Или вот еще ситуации.

Ребенок очень боится сдавать кровь, нам его жалко, он так горько плачет, нам кажется, что мы изверги и бесчувственные люди, которые мучат малыша.

Малыш очень тоскует, когда родителей нет дома, он рыдает, упрашивает не уходить, не уезжать, цепляется руками. Это очень тягостно, мучительно, особенно если никакой возможности остаться дома и не пойти у вас нет.

Ребенку тяжело и скучно учиться в школе, для него домашние задания — сущее наказание, пытка, он их ненавидит. И родитель чувствует себя надсмотрщиком, заставляющим дитя давиться ненавистными знаниями, умениями и навыками.

Что происходит в подобных случаях? Мы видим, что ребенок испытывает сильные и неприятные чувства. Мы понимаем, что эти чувства заставляют его вести себя нежелательным для нас образом: плакать, не засыпать, отлынивать от уроков. Нам жаль его, но мы не можем избавить его от самой ситуации: кровь сдать надо, на работу уходить надо, спать надо, уроки делать надо. Получается, что мы плохие родители — не можем защитить своего ребенка, избавить его от страданий! Как говорится, не мать, а ехидна. И мы начинаем сердиться на себя и на ребенка за то, что он испытывает это чувство.

Мы требуем: «Прекрати бояться! Ты же мужчина! Как не стыдно плакать!», «Имей совесть, я провел с тобой все выходные!», «Тебе лишь бы играть, а учиться не желаешь! Что ты устраиваешь каждый раз концерт из уроков!» И этим мы намертво запираем ситуацию. Ребенок не может по нашему приказу перестать чувствовать то, что чувствует. Он просто видит, что мы им недовольны, и к уже имеющимся страху, тоске, отчаянию прибавляется угроза привязанности и связанная с ней тревога. Если у него и были до этого какие-то внутренние ресурсы, чтобы справиться с собой, то теперь их уже точно нету. Он заходится слезами, вцепляется в родителей мертвой хваткой или, наоборот, замыкается, становится совершенно недоступен для любых уговоров.

Знакомо? Давайте попробуем перестать воевать с чувствами и будем действовать как-то иначе. Для начала вспомним, что наши чувства родом из внутреннего мозга, доводам рассудка они подчиняются не вполне, но и полной власти над нашими решениями и действиями не имеют. Мы можем бояться, но идти; лениться, но делать; скучать, но переносить разлуку. Чувства не бывают неправильными, они какие есть, такие есть. Мы можем чувствовать все, что чувствуем, но действовать так, как считаем нужным, — при условии, что мы не охвачены неконтролируемой паникой.

Что нужно сделать, чтобы паника лимбической системы ослабила хватку и освободила пространство для разума? Правильно, успокоить ребенка. Успокоить его можно, только дав понять, что вы с ним, что вы не сердитесь, что вы принимаете его вместе с его чувствами и готовы поддержать, помочь, утешить. Приемы активного слушания здесь будут как раз кстати: «Я вижу, что ты боишься», «Конечно, ты не хочешь, чтобы мы уходили», «Я понимаю, как тебе не хочется делать уроки». Тут главный секрет — сказать именно это и только это. Остановиться, когда захочется — а захочется обязательно — продолжить фразу, перейдя к оргвыводам: «Но все равно надо». Ребенок и так в курсе, что надо. Но сейчас ему нужно сочувствие, а не напоминание о суровой правде жизни. Часто одного этого бывает достаточно. Получив от родителя понимание и поддержку, ребенок успокаивается, собирается и делает то, что необходимо. Иногда нужна еще какая-то помощь: «Давай, я буду держать тебя за руку и рассказывать что-нибудь интересное, пока у тебя будут брать кровь», «Давай мы оставим дверь открытой, и я буду к тебе заглядывать», «Давай я тебе оставлю вот эту картинку, смотри я нарисовала: это ты, это я на работе и сердечки, они показывают, что я тебя люблю, даже когда я на работе», «Давай ты будешь делать уроки, а я пойду пирог печь, и мы потом будем пить чай вместе и заодно повторим устные».

Да мы все это уже сто раз предлагали, могут сказать родители, он и слышать не хочет. Конечно, не хочет, если предлагать, пока он захвачен своими сильными чувствами, на которые вы сердитесь. Предлагая в этот момент альтернативу, вы как будто его чувства отменяете, объявляете неправильными, неважными. А они-то сильные! Принцип здесь простой: **сначала** признаем чувства и даем поддержку, ждем, когда подействует и ребенок успокоится, и только **потом** переходим к оргвыводам и предлагаем конкретные действия. Сначала успокаиваем внутренний мозг, потом обращаемся к внешнему, не наоборот.

— *Если ребенок в отчаянии рыдает над задачей, которая никак не решается, или не рыдает, а злится и швыряется тетрадями, бесполезно подсказывать ему решение. Попросите его отложить задачу в сторону, подойти к вам, если он еще мал — возьмите его на руки, если большой — обнимите. Покачайте, пошепчите что-нибудь ласковое или смешное, но в коем случае не про то, что «не надо так нервничать», «нельзя сразу сдаваться», «зачем так злиться» и тому подобное. Пусть успокоится. Если очень сильно распереживался — сделайте перерыв, выпейте чаю. И только потом возвращайтесь к задаче. В подавляющем большинстве случаев она решается потом легко и быстро. И уже совсем потом, при случае, в подходящий момент, когда вы оба будете спокойны и расслаблены, можно поговорить про то, что не стоит сразу впадать в отчаяние, если что-то не получается.*

Если вы замечаете, что какие-то чувства ребенка для вас совершенно непереносимы, что вы вместо того, чтобы сочувствовать и помогать ему, сами погружаетесь в пучину страха, отчаяния, одиночества и готовы заплакать или, наоборот, впадаете в неконтролируемую ярость, возможно, это связано с вашей собственной детской травмой. Имеет смысл обратиться к психологу, чтобы ее проработать. Наверное, вас уже раздражает, что я снова и снова даю этот совет. Но что поделать, книжка и советы из книжки — они как народная медицина, могут помочь в профилактике, в общем улучшении здоровья, вылечить недомогание. Но если у человека аппендицит или открытый перелом, не стоит рассчитывать на травки, нужно-таки искать врача.

Мама плохому не научит?

Хорошо, темперамент не меняем, время не торопим, чувствовать не запрещаем. Но что же получается — родители вообще никак не должны влиять на ребенка? Воспитывать-то надо? Формировать личность? Разве не от нас зависит, каким он вырастет?

О, еще как зависит. Возможно, гораздо больше, чем хотелось бы.

Начать с того, что одно из проявлений привязанности — стремление подражать «своему» взрослому. Это очень мудро заложенный природой механизм обучения детенышей. Например, свой родной язык ребенок учит без учебников и курсов. Просто с ним разговаривают родные, он повторяет, сначала непонятно, потом все лучше. Так постепенно и учится, подражая. И кошки так учат своих котят ловить мышей. И птицы так учат своих птенцов летать. Эта программа обучения намного глубже и сильнее всех способов обучения, созданных нашим внешним, разумным мозгом: объяснений, нравоучений, предписаний. Поэтому если вы твердите ребенку, что телевизор или компьютер — зло, но сами все вечера проводите перед экраном, несложно угадать, какая из программ одержит верх: подчинения словам родителя или подражания его делам. Если мы учим детей не врать, а сами врем, требуем не курить, а сами курим, велим не обижать маленьких и слабых, а сами ребенка лупим, не стоит питать иллюзии относительно результата. На эту тему есть хороший афоризм: «Не надо воспитывать детей. Воспитывайте себя, а дети сами вас скопируют».

Но это все вещи очевидные. Мы, конечно, все равно предпочитаем о них не очень помнить, но хоть знаем. Есть и другие аспекты влияния родителей на детей, более хитро устроенные.

До сих пор мы говорили только о том, что привязанность дает ребенку чувство безопасности. Но она же таит в себе и опасность; как и у всего на свете, у привязанности есть теневая сторона. «Своему» взрослому ребенок доверяет безоговорочно. Он вручил ему свое сердце, доверил свою жизнь, свою судьбу. Ребенку иначе не войти в мир, только через этот опыт полного, некритичного доверия, которое он будет потом с трудом и нервами преодолевать в подростковом возрасте, чтобы обрести независимость, но это еще впереди. До 10 примерно лет ребенок ничего не может

«Своему» взрослому ребенок доверяет безоговорочно

противопоставить родительскому внушению. Он верит в Деда Мороза, он верит, что «мама знает лучше», он удивляется, если папа признается, что чего-то не умеет. Ребенку просто неоткуда узнать правду о мире и о самом себе, кроме как от взрослых, а если это «свои» взрослые, то все, ими сказанное, является безоговорочной истиной в последней инстанции. Если папа говорит, что я неумеха, что у меня «руки не тем концом вставлены» — значит, так оно и есть. Если мама говорит, что «со мной всегда одни проблемы», что я «вечно влипаю в неприятности», значит, ей виднее, она же мама. Стоит ли стараться что-то делать, если — «неумеха»? Какой смысл думать и быть внимательным, если все равно «влипну в неприятности, такой уж я»?

Чем больше переживаний и страсти вкладывает взрослый в свои тирады, тем сильнее стресс ребенка, тем меньше включен его внешний, разумный мозг, тем меньше он способен сопротивляться внушению, тем менее свободен в выборе собственного пути. И уже детали, будет ли он соответствовать ожиданиям родителей, не в силах сопротивляться навязанному образу, или протестовать, воплощая в жизнь самые страшные родительские кошмары.

Любопытно, что довольно часто, если в семье больше одного ребенка, дети делят между собой разные способы реакции на родительские ожидания.

Вот очень «правильные» родители, девиз их жизни «есть такое слово — надо», они работают и занимаются домом, не позволяя себе «распускаться», гордятся своей организованностью, способностью подчинить все свои личные желания делу или семье.

У них две дочери. Старшая — копия родителей, собранная, ответственная, живущая по принципу «делу время — потехе час». Она выбрала профессию родителей, успешно закончила вуз, ценный сотрудник на работе, из рабочих лошадок. В доме образцовый порядок, она прекрасно готовит, держит себя в форме. Несмотря на это, личная жизнь не очень удалась, потому что она очень требовательна к партнерам, любит поучать и объяснять, как «правильно». С возрастом ее характер стал довольно тяжелым, она часто ссорится с сестрой и обижается по любому поводу.

А вот младшая. Любимая, но с детства раздражала родителей «раздолбайством» и ленью, всячески отлынивала от домашних дел, вечно нарушала порядок разбросанными вещами, не хотела есть полезную, заботливо приготовленную мамой пищу, а «кусочничала». Училась неровно, то олимпиаду выиграет, то тройку в четверти схватит. Ужаснула родителей выбором профессии — совсем не надежной с точки зрения «куска хлеба». Они буквально встали дыбом и заставили-таки поступить в «нормальный» вуз, однако на втором курсе дочь связалась с непонятной компанией, начала пробовать травку, пропадать из дома, потом выяснилось, что институт она бросила. Родители были в отчаянии, но потом все как-то выровнялось: младшая пошла-таки учиться куда хотела, вышла замуж. Увидев на пороге будущего зятя с дредами и в растянутом свитере, родители едва не получили инфаркт, однако потом все оказалось не так страшно, молодой человек учился в аспирантуре философского факультета и не был наркоманом, как им сначала показалось. Сейчас младшая растит сына, жалуется, что с ним очень тяжело. Профессией довольна, хотя часто конфликтует с начальством и вообще довольно нервная.

Старшая сестра очень обижается на родителей, что они любят младшую больше, хотя она всегда их расстраивала. Младшая обижается на то, что родители ее не принимали и все детство «выносили мозг». Родители считают, что дети «неблагодарные» и не реализовали родительских ожиданий.

Хотя на самом деле все как раз наоборот — реализовали с большим усердием, причем обе. Старшая, видимо, менее уверенная в прочности родительской привязанности, не осмелилась сделать ни шагу в сторону и всю жизнь положила, чтобы родителям нравиться и походить на них, заслужив тем самым их любовь и одобрение. Младшая, которую любили больше, не чувствовала необходимость «класть жизнь», но и в безопасности себя не чувствовала, и потому все время «дергала веревку» и все больше соответствовала родительским причитаниям на тему «в кого ж ты у нас такая непутевая».

Мы часто упрекаем детей, что они непослушны. На самом деле они, к сожалению, очень послушны. Гораздо больше, чем надо бы. Мы совершенно напрасно недооцениваем формирующую силу родительских ожиданий. Да, дети не слушают наших приказов и критики, но на наше настроение, чувства, состояния они реагируют очень чутко. Стоит ли пользоваться этой властью? Кто мы такие, чтобы менять ребенка по своему желанию и капризу? Мы не знаем, каким он задуман, в чем смысл его жизни и как ему в будущем помогут или помешают те или иные качества. Не надо брать на себя функции Создателя. Каждый ребенок уникален. Кроить его по своему произволу — все равно что, сняв с полки новую интересную книгу, не читать ее увлеченно, а сразу начинать править красным карандашом, выискивая ошибки и меняя сюжет.

Третий — лишний!

Ребенок капризничает, требует чего-то, ноет. Или расшалился, бегает, вопит, не слушается. Плохо ведет себя за столом, вертится, все роняет, недоволен едой, пускает пузыри в стакане с соком, возит по тарелке котлету, пока она не плюхается на скатерть. Или скандалит, кричит вам грубости, замахивается даже. Неприятно, досадно? А теперь представьте себе, что все происходит не дома, а на людях. В гостях, в кафе, в парке, в транспорте. Что с вашим уровнем стресса? Чувствуете, как он взлетел в разы? А если окружающие еще и подключатся к этому перфомансу и начнут стыдить ребенка или вас, предлагать «забрать его себе», пугать милиционером и выдавать на гора еще всяческий педагогический креатив? Да даже и просто осуждающе смотреть и раздраженно отворачиваться. Уже завидуете карасю на сковородке?

Львиная доля родительского стресса — это стресс, вызванный «третьим», наблюдающим и оценивающим. Это могут быть посторонние люди, случайные свидетели «родительского фиаско», родственники, придирчиво оценивающие поведение ребенка, педагоги, вечно недовольные им, а порой и просто некий обобщенный образ «общества», которое, как Старший Брат из романа Дж. Оруэлла, смотрит на тебя и решает, достоин ли ты быть родителем. Возможно, сам родитель реагировал бы гораздо спокойнее, что-то переждал бы, что-то не заметил, к чему-то просто притерпелся. Но «третий» обычно ни ждать, ни терпеть не намерен. Он требует, чтобы с ребенком «все было хорошо». И прямо сейчас.

Так устроена наша жизнь, что воспитание детей считается «общим делом». Частично это особенности национальной культуры, — скажем, иностранцев шокирует, что в России незнакомые люди могут подойти к маме, гуляющей с ребенком, и сделать ей выговор, что он слишком легко одет. Частично — наследие советского периода, когда дети искренне считались собственностью государства, а не своих родителей. Сказывается и веяние времени — приходится признать, что сегодня тенденция все большего вмешательства государства в частную жизнь семей имеет общемировой характер. Это оборотная сторона системы социальной помощи и поддержки.

Конечно, все это не может не отражаться на отношениях родителей и детей. Родитель, постоянно находящийся «под колпаком», чувствует себя скованно, неуверенно. Ребенок, чувствующий, что родитель скован и неуверен, пугается еще больше. Ведь ему нужен свой взрослый. И здесь важно не только слово «свой», но и слово «взрослый». Сильный, независимый, самодостаточный, никого и ничего не боящийся. А если мама испуганно лепечет оправдания в ответ на ворчание участкового педиатра «Зачем вызывали, если нет температуры»? А если папу при ребенке отчитывает завуч? А если соседка в лифте громко спрашивает: «Что это ваш мальчик не здоровается, вы его не воспитываете, что ли?», а мама улыбается натянуто и говорит: «Поздоровайся с Натальей Петровной, ты что, забыл? — и тут же громко, соседке: — Он у нас ужасно застенчивый».

Такие моменты переносятся детьми очень тяжело. Его родитель, его защитник, его самый-самый умный-сильный-замечательный, вдруг оказывается маленьким, робким, слабым, вдруг оправдывается перед этими чужими людьми, как провинившийся ребенок, явно нервничает и боится их, или ведет себя очень неестественно, заигрывает, заискивает, притворяется. Все это очень тревожит: если сам папа боится, что за угроза нависла над нами? Если сама мама оправдывается, что же такого ужасного со мной, что она меня стыдится?

Когда «третий» обретает слишком большое влияние в отношениях между родителем и ребенком, родитель невольно начинает общаться и выяснять отношения скорее с ним, чем с собственным чадом. Такое происходит, например, при болезненных разводах с дележкой детей. Сам ребенок становится лишь поводом, средством, чтобы в чем-то убедить «третьего», что-то ему доказать или отомстить. Или родитель, испытывающий сильную неприязнь к учителю своего ребенка, может утрировать трудности ребенка, неосознанно используя их как доказательство некомпетентности педагога. Естественно, ребенок будет подыгрывать родителю так же не вполне осознанно, и его трудности будут только нарастать.

Понятно, что пока родитель находится в диалоге не со своим ребенком, а с кем-то посторонним, он никак не может ни понять ребенка, ни изменить его поведение. Сам же ребенок при этом чувствует себя несчастным, лишним, он не понимает сути кипящих страстей и почему родитель так себя ведет. При этом обычно прекрасно чувствует, что его самого как человека в этот момент как бы нет, он только повод, тема, средство выяснения каких-то других отношений его родителя с кем-то внешним. Это воспринимается ребенком как предательство и ранит очень больно.

Еще хуже, когда под давлением «третьего» родитель вдруг сдает своего ребенка, набрасывается на него с обвинениями и обещаниями наказать: «Да вы не сомневайтесь, домой придем — он у меня получит», говорит о нем в третьем лице: «Он у нас такой, знаете, сладу с ним нет», высмеивает, рассказывает какие-то интимные подробности: «Да, Марья Семеновна, вы же знаете, нам сейчас не до уроков, у нас одна Настя Первенцева на уме, весна, понимаете, любовь — хи-хи-хи». Детьми такие ситуации трактуются однозначно — их сдали. Родитель и сам боится «третьего», поэтому пожертвовал «менее ценным членом экипажа». Дети обычно не протестуют — они ж в курсе, что менее ценные. Просто переживают опыт «ухода земли из-под ног» и навсегда запоминают, что ни на кого, даже на любящего родителя, положиться нельзя. Говорят, самка кенгуру может, спасаясь от хищника, выбросить ему детеныша из сумки, чтобы съел и от нее отстал. Животное, что с него взять. Ужасно, когда так же поступают люди.

* * *

Что же нам делать с этим самым «третьим лишним», как оградить свои отношения с ребенком от его «всевидящего взгляда, всеслышащих ушей»?

Когда-то можно просто махнуть на него рукой, вспомнив народную мудрость «на каждый чих не наздравствуешься». Это касается прежде всего дальних родственников, доброхотов в транспорте и на детской площадке и прочих случайных людей. Отмахнуться от близких или значимых в жизни ребенка людей (учителей, врачей) не получится, с ними надо как-то выстраивать отношения.

Можно постараться сделать взгляд «третьего» более доброжелательным, например, в ответ на обвинения в адрес ребенка и рассказы о его «ужасном» поведении не оправдываться и не спорить, а перевести разговор на самого учителя: какой у него нелегкий труд и как много ему нужно терпения. Иногда помогает вовлечение «третьего» в решение проблем, не все ж ему наблюдать и оценивать, ничего не делая. Попросите помочь, посоветуйтесь, задайте вопрос.

Наконец, бывают ситуации, когда «третьего» надо просто поставить на место. Вежливо, но твердо. Вашего права на частную жизнь никто не отменял.

Что же нам делать с этим самым «третьим лишним», как оградить свои отношения с ребенком от его «всевидящего взгляда, всеслышащих ушей»?

Если воспитатель в детском саду начинает выговаривать вам за поведение вашего ребенка при посторонних — сразу останавливайте его. Вы имеете право на индивидуальную беседу.

Если соседка задает вашему ребенку бестактный вопрос типа: «Что, мама теперь сестренку больше любит, чем тебя?», не ждите, пока он скажет ей, что она дура. Лучше вмешаться и сказать прямо: «Простите, но мне не нравится, когда лезут в жизнь нашей семьи». А если не успели вмешаться и он уже назвал дурой, не стоит на него набрасываться и требовать извинений. Достаточно будет сказать что-то вроде: «Мне жаль, что мой сын вам нагрубил, но я прошу больше не задавать ему подобных вопросов».

Имейте в виду, что существует профессиональное правило соблюдения конфиденциальности. Учителя, врачи, сотрудники опеки не имеют права обсуждать поведение, диагнозы, особенности вашего ребенка и вашей семьи в ситуациях, не связанных непосредственно с выполнением их профессиональных обязанностей. А также разглашать информацию, которая может нанести ребенку моральный ущерб. Об этом можно напомнить, например, классному руководителю, который очень уж любит обсуждать поведение вашего ребенка публично, на родительском собрании или с частных разговорах с другими родителями.

Но и сами не рассказывайте о подобных вещах никому, кого это прямо не касается, даже своим близким друзьям. Представляете, каково было бы ребенку услышать, как вы обсуждаете со своей подругой, что он все еще писается по ночам? Или пересказываете то, что дочь в минуту откровения поведала вам о своих чувствах? Не приобретайте без необходимости «третьих», даже если они кажутся доброжелательными. Из лучших побуждений можно тоже причинить немалый вред.

Самый коварный «третий» — не реальный человек, а образ из прошлого самого родителя. Например, слишком критичной мамы, которая все детство повторяла: «Как ты своих детей растить будешь, такая безответственная!» Когда внутри звучит такой голос, любая ситуация, похожая на «я не справляюсь с ребенком», заставляет буквально «проваливаться» в отчаяние и беспомощность. При этом доставший уже голос внутри вызывает гнев, и родитель кричит — на кого? Не на виртуальную же маму?

Конечно, на ребенка, из-за которого снова пришлось предстать перед жестоким и несправедливым внутренним судьей.

Коварство в том, что это не всегда осознается, родитель считает, что это он просто «несдержанный», «психованный», что, в свою очередь, добавляет вины и неуверенности. Справиться с виртуальным «третьим» бывает непросто, ведь это обычно фигура очень близкого и значимого человека, который когда-то был для нас самым большим авторитетом. На него не подашь в суд, его не сменишь, как плохого учителя. С ним придется договариваться. И не всегда это удается сделать собственными силами. Если вы подозреваете, что ваш «третий лишний» — ваш собственный родитель, и вы чувствуете, что его власть над вашими чувствами и реакциями очень сильна, имеет смысл обратиться к психологу. Хотя уже осознание того факта, что ваши стыд, гнев, беспомощность связаны не с вами и не с ребенком, а с фантомом из прошлого, уже облегчает положение.

А теперь о самом главном

Угадайте, не читая главу, о чем пойдет речь? Три попытки. Что самое-самое главное в деле воспитания детей?

А самое главное — это конечно, родитель и его собственное состояние. Психологи обожают приводить в пример пункт из инструкции о безопасности полетов: «В случае разгерметизации салона **сначала** наденьте кислородную маску **на себя**, затем на ребенка». Потому что, если вы не сможете нормально дышать, ребенку уж точно никто и ничто не поможет.

Мы много говорили о том, как важная привязанность для ребенка, как многое зависит от того, спокоен ли его эмоциональный мозг, не испытывает ли он стресса. А что на другой стороне веревки под названием «привязанность»? Как там обстоят дела?

Если честно, обстоят они неважно. Родителей, пришедших на консультацию, я часто спрашиваю: «Как много в течение дня вы думаете о проблемах своего ребенка?» И очень часто слышу в ответ: «Все время. Весь день, и ночью долго не могу заснуть, или просыпаюсь — и думаю». Люди приходят, рассказывают, глотают слезы, теребят одежду, сцепляют пальцы. Признаются, что потеряли покой и радость жизни, что их ноги не несут домой, что у них скачет давление и болит сердце. Потому что он не учится, врет, хамит, не приходит вовремя, почти непрерывно сидит в Интернете, требует денег, не убирает в комнате — у каждого свое «то, что не дает жить».

Слушайте, это уже серьезно. Это уже не просто беспокойство — это настоящий невроз. «Родительский невроз» — странно, что до сих пор не ставят такой официальный диагноз. Нарушение способности нормально жить и радоваться жизни из-за проблем с ребенком. Не с его, упаси Господи, здоровьем, а именно с поведением, с тем, что он делает или чего делать не желает.

Мы начали разговор с того, что родители ворчали на детей столько, сколько стоит этот мир. Но наверное, никогда они так не нервничали из-за проблем с детьми, как в наше время. Никогда не чувствовали себя такими беспомощными и виноватыми, никогда так не старались, не читали книг, не обращались к специалистам — и все равно не оставались неудачниками в собственных глазах. Почему так? Причин очень много.

Здесь и все более назойливое присутствие «третьего», о котором мы уже говорили.

И собственный не всегда веселый детский опыт, ведь далеко не все сегодняшние родители сами в детстве имели условия для надежной и глубокой привязанности к «своему» взрослому. Многие росли в основном в учреждениях, а от родителей слышали только вопросы типа «Руки помыл?» и «Что сегодня поставили?».

Есть и более широкий контекст: мы живем на сломе эпох, когда прежняя, авторитарная модель воспитания отходит в прошлое, а новая еще не устоялась, находится в поиске. Людям стало важно не просто чтобы ребенок слушался и «нс позорил семью», но и он сам, и отношения с ним. Чтобы был счастлив, чтобы любил родителей, а не просто «почитал». Масла в огонь подлила психология, обнаружившая, как сильно влияют на детей отношения с родителями, как их может травмировать родительское отвержение, насилие, равнодушие. Страшно же — ты вроде не хотел ничего плохого, а ему потом всю жизнь мучиться.

Естественно, не обошлось без «эффекта маятника», когда ударились в другую крайность, детоцентризм. Дети — прекрасные цветы жизни, они сами знают, что им надо, с ними надо на равных, как с друзьями. У детей, естественно, от «на равных» сразу зашкаливает стресс — ведь каждый ребенок прекрасно понимает, что он «Очень Маленькое Существо» и ему важно, чтобы родитель был сильнее, взрослее и главнее, иначе совсем как-то страшно жить. Дети от стресса шли в разнос, начинали командовать и «строить» взрослых, хамить и явно показывать, что ни в грош их не ставят. Или, истощенные стрессом, впадали в глубокую апатию и к ужасу родителей, с рождения развивавших их денно и нощно с года, таскавших по театрам и выставкам, составлявшим списки «100 книг, которые обязательно должен прочесть ваш ребенок», а к 18 годам эти самые дети прочно укладывались на диван и на все попытки общения со стороны родителей отвечали: «Отвалите, а?»

Перепуганные родители снова вспоминали про «старые добрые традиции» и хватались за ремень, только это теперь не работает: во-первых, государство категорически против, и можно запросто сесть в тюрьму за такие методы воспитания, во-вторых, дети «так не договаривались» и вместо послушания реагируют на насилие ненавистью (в лучшем случае) или нервными срывами и попытками суицида (в худшем).

Все эти примеры мы видим вокруг, мы слышим, как жалуются родители детей постарше, потом сталкиваемся с трудностями сами. Еще бы у нас не было родительского невроза! А окружающий мир продолжает давить на больное место, полки книжных магазинов бьют по нервам названиями вроде «После трех уже поздно», и мы — а куда деваться — торопимся купить и прочесть — а вдруг я уже все, опоздал? Все пропало, мой малыш обречен быть неудачником, плестись в хвосте этой жизни?

При этом все хотят разного результата наших родительских усилий. Если слушать школу, ей подавай ребенка, который ходит по струнке и выполняет команды. Если Интернет, сразу понятно, что он должен быть «индиго» и в школу категорически не вписываться, а то недостаточно «индигисто» получится. Это не считая мнения на этот счет бабушек, дедушек, соседей, маститых педагогов и религиозных деятелей. То есть реально у нас не один «третий лишний», а целый хор, причем каждый в нем тянет свою песню.

Так что чувство собственной некомпетентности, неспособности правильно воспитывать детей и общей никуда не годности очень часто посещает родителей, а если само не посещает, то об этом найдется кому позаботиться. Однако правила привязанности остались те же: родитель в глазах ребенка по-прежнему самый главный человек. И ребенку очень важно, чтобы этот человек чувствовал себя хорошо: уверенно, жизнерадостно или хотя бы просто спокойно. По большому счету, это гораздо важнее для благополучия и развития ребенка, чем все остальные обстоятельства вместе взятые. Рядом со спокойным, уверенным и вполне довольным собой взрослым ребенок может без потерь перенести любые бытовые невзгоды и лишения, потому что он еще не знает, как должно быть, и принимает любые обстоятельства жизни как они есть. Зато если взрослый тревожен, несчастен и думает о самом себе плохо, ребенок даже в идеальных условиях не сможет нормально жить и расти — раз мама или папа от чего-то так страдает, значит, все и на самом деле плохо.

Это очень заметно, когда общаешься с людьми, детство которых пришлось на первую половину 90-х годов, время, когда многие семьи вынуждены были полностью менять уклад своей жизни, родители теряли работу, уровень жизни падал, хотя мало у кого доходило до настоящих лишений и голода, скорее мучила тревога и неизвестность, что будет дальше. Поразительно, как по-разному люди вспоминают это время, причем те, чьи семьи хоть и просели по жизненному уровню, но все же не бедствовали, могут оказаться гораздо сильнее травмированы, чем те, чьи родители и правда годами перебивались с картошки на макароны. Потому что сами родители по-разному реагировали, кто-то совсем терялся и отчаивался, а кто-то сохранял присутствие духа и чувство юмора.

У родителя-то тоже есть лимбическая система. Именно там — второй конец привязанности, именно ее состояние важно ребенку гораздо больше, чем родительские слова. Эмоциональный мозг ребенка находится с эмоциональным мозгом родителя в почти телепатической связи, он считывает состояние «своего» взрослого бессознательно, минуя разум, и мгновенно заряжается теми же чувствами. Поэтому мы, например, читаем мемуары о совершенно счастливом послевоенном детстве, хотя и разруха, и голодно, и лупили почем зря, но в целом взрослые были на эмоциональном подъеме и ждали от будущего хорошего. И вместе с тем я и коллеги можем видеть глубоко несчастных и невротизированных детей, которые живут в полной роскоши, отдыхают в пятизвездочных отелях, но у них папа изменяет маме, мама чувствует, что ее жизнь пропала, и у нее в тумбочке упаковка «тех самых» таблеток, и няня с шофером возят дитя по врачам и психологам то с экземой, то с тиком, то с приступами агрессии.

При этом, как бы мы сами ни были устойчивы и благополучны в семейной жизни, как бы мы ни были независимы от мнения окружающих, никто ведь не застрахован от проблем. Дети болеют, иногда тяжело. Родители теряют работу, разводятся, у них болеют и потом умирают собственные родители. На работе могут быть неприятности или перегрузка. А тут еще ребенок постоянно «попадает в истории», и приходится идти в школу, разбираться, вникать, а нервов уже никаких. Да и отпрашиваться каждый раз так сложно, потом придется брать работу домой и ночью не спать, и когда последний раз спал восемь часов подряд, уже просто не помнишь, вся жизнь как в полусне, на автопилоте. Знакомо?

Каждый родитель (да и каждый человек, если честно) должен знать, что существует такое малоприятное явление, как нервное истощение. Возникает оно в результате длительного, непрерывного стресса — дистресса, особенно связанного с другими людьми и их проблемами, прежде всего с теми, кто от нас зависит. Нервное истощение вызывается грузом ответственности, необходимостью постоянно сопереживать, вникать, помогать, искать общий язык, бесконечно «вынимать из себя» душевные силы и отдавать их, иногда подолгу ничего не получая в ответ.

Рано или поздно силы кончаются. Подступает усталость, организм и психика настоятельно требуют отдыха. Как бы не так! Отдыхать не время и нельзя, нужно еще так много всего сделать. Собрав волю в кулак, стиснув зубы, человек через силу продолжает и дальше решать проблемы, вникать, отдавать, не успевая пополнить свой эмоциональный «резервуар». У него появляется особенное «стоическое» выражение на лице, усталый голос и словно бы тяжесть во всем теле, когда трудно даже подняться со стула. Постоянное напряжение не отпускает и тогда, когда, казалось бы, можно было бы расслабиться. Все мысли — о делах, о проблемах, ночь не приносит облегчения, потому что сон нарушен. Любой конфликт надолго выбивает из колеи, любое замечание воспринимается крайне болезненно. В ход идут стимуляторы: кофе, чай, энергетики и расслабляющие вещества, в том числе алкоголь.

Но это еще пока не истощение, это стадия «перед». Иногда все же удается немного отдохнуть и становится легче, иногда усталость сменяется новым подъемом, и все вроде бы становится неплохо. А потом возвращается с новой силой.

Грустно, но в этом состоянии живет большая часть современных горожан. Это уже почти стало нормой и даже не воспринимается как проблема. Вечная усталость, постоянный фоновый стресс, лимбическая система уже не имеет сил на сирену, там просто постоянно звучит противный зуммер, но кто ж его слушает?

Если так и продолжать, через месяц или через год, или через пять — у кого какой запас прочности и кому какой выпал клубок стрессов, — наступает собственно нервное истощение. Запредельная усталость. Раздражительность. Плаксивость. Полное безразличие, перемежающееся вспышками истерического гнева. Верный признак того, что дело серьезно — парадоксальная усталость, которая максимально чувствуется не к вечеру, а с утра, словно вы всю ночь грузили вагоны. А к вечеру, наоборот, расходитесь и долго не можете уснуть.

Истощенного родителя ребенок «просто бесит», кажется, что в нем нет ничего хорошего, «он просто издевается». Именно в этом состоянии родители срываются и начинают бить, оскорблять, орать, даже если прежде этого не делали и даже не думали никогда, что будут. Верхний мозг совсем теряет управление, мало ли что мы считаем правильным и допустимым, верх берут те модели, которые мы видели в собственном детстве, впечатанные в нашу бессознательную память. А они у кого какие, у некоторых совсем не веселые. Но в состоянии истощения даже те, кто в свое время клялся себе, что «никогда не будет так, как мама (папа)», вдруг обнаруживает, что кричит совершенно маминым голосом, срываясь на визг: «Да вы просто все хотите, чтобы я сдохла!», не обращая внимания на ужас в глазах детей, или, как папа, остервенело лупит ребенка ремнем, «чтобы знал, как издеваться».

Дальше появляется чувство вины, что еще больше усиливает стресс. Хочется «сбежать от всего на край света», «все бросить к черту», «умереть». И для этого сразу появляются веские основания, ведь жизнь буквально летит под откос. Очень страдает иммунитет, расшатывается здоровье, обостряются все хронические заболевания и начинаются новые. Разваливаются отношения, распадаются браки. Больше ничего не радует, ничего не хочется. Все теряет смысл. Наступает полное эмоциональное истощение.

Как вы понимаете, в таком состоянии общаться с ребенком очень трудно, не то что «правильно», но и вообще как угодно. Да и сами дети в ужасе от того, что они улавливают от эмоционального мозга родителя, напуганные его неадекватным поведением, становятся очень непростыми в общении. Бессмысленно в подобной ситуации что-то делать с ребенком, водить его к психологам, воспитывать, поучать. Нужно срочно надевать кислородную маску на себя.

А вот с этим бывают проблемы. Многие из нас, особенно женщины, воспитаны в убеждении, что заботиться о себе — это эгоизм. Если у тебя есть семья и дети, никакого «для себя» уже не должно существовать. «Как вы восстанавливаете силы?» — обычно спрашиваю я у родителей. Типичный ответ, особенно от мам: «Никак, мне не до этого, столько всего». Либо говорят что-то вроде: «Да вот я обязательно на днях пойду запишусь в бассейн, вот только вот это разгребу, вот это решу и найду сеанс, чтобы ходить с ребенком, ему это очень полезно».

Так не пойдет. Заниматься собой по остаточному принципу можно, когда вы в форме, когда нагрузки посильны и хватает обычного отдыха вечерами, по выходным, в отпуске. Если дело зашло далеко и вы видите у себя признаки нервного истощения, систему приоритетов надо срочно перевернуть. Пусть весь мир подождет. Никакие деньги, никакие развивалки, никакое образование — ничто не заменит вашему ребенку вас. Пока вам плохо, он будет несчастен и не будет нормально развиваться. Вкладывать в такой ситуации время и силы в него, пытаться улучшить его поведение — бесполезно. Отдайте себе отчет, что сейчас вы — самое слабое и самое при этом ценное звено. Все, что вы сейчас вложите в себя — время, деньги, силы, — все пойдет в прок вашим детям. Это не траты, это инвестиции в ваших детей, их здоровье и будущее. А все, что вы сейчас из последних сил из себя выскребете, все равно ничему не поможет, а вас истощит окончательно. Осознайте это сами и доведите до сведения окружающих, особенно вашего «третьего», даже если он виртуальный.

Подумайте, какие занятия вас восстанавливают? Баня, прогулка, встреча с друзьями, наведение красоты, валяние с книжкой, чаепития с супругом? Все, что лично вам помогает отдохнуть и расслабиться, должно присутствовать в вашей жизни регулярно. Не по остаточному принципу, «когда получится», а совершенно обязательно, «как штык». Если вы будете знать твердо, что, скажем, в субботу вечером с ребенком сидит бабушка или старший брат, а вы можете заняться чем захотите, это поможет пережить трудные моменты и в течение недели. Если же отдых не гарантирован, а «то ли будет, то ли нет», его эффект очень сильно снижается и вы можете не успеть восстановиться за отведенное время.

Придумайте, как устроить незапланированный отдых. Возьмите путевку в санаторий, если путешествие не является для вас

дополнительным стрессом, купите самый дешевый горящий тур куда угодно и смените обстановку. Или возьмите больничный и просто поваляйтесь дома.

Устраивайте себе «тайм-ауты», маленькие перерывы до того, как придет невыносимая усталость. Поставьте детям мультик и спокойно выпейте кофе или примите душ. Забудьте про грозные предупреждения врачей, что телевизор дольше 15 минут в день — это очень вредно. Поверьте, мама в состоянии нервного истощения — **гораздо вреднее**, чем телевизор. Когда вы будете в лучшей форме, вы сможете играть и заниматься с детьми.

Важное условие — нормальный сон. Если продолжать недосыпать, истощение никуда не денется. Просто ложитесь, и все, небо не упадет на землю. Вообще, перейдите в режим «сброса балласта», как на падающем воздушном шаре, скиньте с себя все обязанности и дела, какие только можно. Жертвуйте всем, чем угодно, сохраняя оставшиеся силы для поддержания на плаву отношений. Побоку хозяйство, пусть полы будут немыты и белье неглажено (если только для вас уборка — не способ восстановления сил), но у вас будут силы хоть иногда улыбаться детям. Забудьте про оценки в школе, пусть не будут сделаны все уроки, но вечерние «обнимашки» перед сном — это святое. Не бойтесь, что так будет всегда — почувствуете себя лучше, — и ребенок успокоится, и вместе все нагоните. Общайтесь с теми, кто вас поддерживает и хвалит. Избегайте всех, кто обвиняет, требует, жалуется. Не сейчас.

Не стыдитесь говорить о своем состоянии окружающим — вас поймут, ведь все там бывали. Неврастения, нервное истощение — это не каприз, не лень, не распущенность, не «плохой характер». Это болезнь, и если ее игнорировать, последствия ее могут быть очень серьезными. Кстати, посетить невропатолога очень желательно — поверьте, он совсем не удивится перечисленным вами симптомам, а легкая медикаментозная поддержка может быть очень нелишней, иногда вывести мозг из состояния хронического стресса можно только с помощью курса мягких транквилизаторов. Сами можете начать пить витаминные комплексы, содержащие витамины группы В и магний, это подпитка истощенной нервной системы.

Позже, когда отползете от края, имеет смысл подумать, как не попадать туда вновь. Как перестать относиться к себе как к средству для удовлетворения нужд семьи и ребенка. Возможно, это имеет смысл делать с помощью психолога, который поможет справиться с беспощадным внутренним «третьим» и отделить здоровую родительскую ответственность от истощающей и бессмысленной вины.

Помните, мы говорили о том, что дети всегда ведут себя не так, как мы им велим, а так, как мы сами себя ведем? К заботе о себе это тоже относится. Если вы пренебрегаете собой, заботясь о ребенке, позже, когда вас не будет рядом, он тоже будет пренебрегать собой. Как мамочка. Как папочка. Он же ваш ребенок, ваше продолжение, он будет делать это из любви к вам. А вот себя он сможет любить, если видел, как вы себя любите. Пора начинать.

Где проходит баррикада?

Да, дети часто расстраивают и злят нас своим поведением. Да, нам многое может не нравиться, и «не нравиться» — это еще мягко сказано. Мы имеем право отстаивать свою территорию, свои правила, имеем право влиять на поведение ребенка и менять его — на то мы и родители. Но важно не попадаться в ловушку «борьбы» с самим ребенком.

Часто взрослые пытаются объяснить расстраивающее их поведение ребенка качествами самого ребенка. «Ленивый», «неуправляемый», «безответственный», «упрямый, «вредный», а то и «бессовестный», «испорченный», «обнаглевший». У других дети как дети, а у нас вот такой. Потому и ведет себя так. Ленивый —

потому и не учится, наглый — потому и грубит, безответственный — потому и теряет вещи.

Чем тут можно помочь? Да, в общем, ничем. Только сесть и пригорюниться. В лучшем случае. А в худшем — выйти на тропу войны, «раз он такой».

Давайте будем проще: если прямо сейчас он делает что-то, что отравляет нам жизнь, эту проблему мы и будем решать. Потому что мы имеем право жить неотравленной жизнью. Если ребенок шумит, когда вы или кто-то в доме неважно себя чувствует и прилег отдохнуть, не надо думать о том, какой ваш отпрыск нечуткий, и срочно начинать воспитывать в нем внимание к близким (обычно это делается с помощью ора или злобного шипения в адрес нарушителя покоя). Ваша задача — добиться тишины, и только.

Если вы пришли с работы и обнаружили, что ужинать вам негде (стол завален объедками) и не из чего (ни одной чистой тарелки), не надо расстраивать себя еще больше мыслями о том, какой бессовестный у вас растет сын, любит ли он вас хоть немного и как воспримет его манеру ведения хозяйства его будущая жена. Потому что стоит вам начать думать в этом направлении, и вечер сложится очень предсказуемым образом. Сначала будет скандал с потоком упреков и огрызаний в ответ, а потом дитя, хлопнув дверью, уйдет в свою комнату, а вы останетесь плакать или злиться на грязной кухне. Правда, ее чистота уже не будет иметь значения, ужинать вы все равно не сможете — кусок в горло не полезет. Будьте скромнее. Ваша задача — добиться, чтобы все было убрано прямо сейчас. Потому что вы хотите есть и имеете на это право. А про бессовестность и тем более про будущую жену поразмышляете после ужина, если уж очень захочется.

Давайте сделаем еще одно мысленное упражнение.

Представьте себе такую картину: вот вы, замученный поведением ребенка, знающий, «как надо», желающий ему только добра и во-

обще кругом правый. Вы выходите на борьбу — с ребенком и его «закидонами» (ленью, безответственностью, агрессией, враньем, вспыльчивостью, несобранностью — нужное подчеркнуть). Между вами и вашим ребенком — баррикада, линия фронта. Вы полны решимости победить. Вы знаете, что ваше дело правое. Вы уверены, что так надо.

Как самочувствие? Не очень? Странно, а почему? Откуда эти злость, бессилие, отчаяние, раздражение? Разве вы не делаете то, что должен делать нормальный ответственный родитель?

А теперь измените мысленно картинку. Вот вы. Вот баррикада. За ней — то самое расстраивающее вас поведение. Ребенок — рядом с вами, по эту сторону. Вы ведь не хотите бороться против ребенка из-за этой несчастной неубранной комнаты или несделанных уроков. Если и стоит бороться, то вместе с ним, за то, чтобы вам было хорошо вместе. А трудное поведение мешает вам и вашим отношениям. Вот поэтому его и стоит изменить.

Как самочувствие? Получше? И настроение тоже?

Постарайтесь удерживать в голове именно эту, вторую картинку все время, когда занимаетесь трудным поведением ребенка. Не воюйте с ребенком. Не боритесь против. Это же ваш детеныш, вы его защита и опора в этом пока непонятном для него мире. Вы сильнее, умнее, старше. А он любит вас всем сердцем, как могут любить только дети своих родителей. Вам не нужны никакие особые «приемчики», чтобы быть хорошим родителем хорошего ребенка, сама природа, сама привязанность работают на вас. Если вы чувствуете, что увязли в борьбе, — самое время перелезть через баррикаду и встать рядом с ребенком. Тогда все получится.

Часть вторая

ТРУДНОЕ ПОВЕДЕНИЕ: ПЕРЕЗАГРУЗКА

Ели вы готовы перестать бороться и начать жить, давайте теперь поговорим о том, как и что делать. Проблемы-то все же есть. Дети скандалят, врут, берут чужое без спросу, ругаются плохими словами, ломают и теряют вещи, дерутся с братьями и сестрами, плюются кашей, не желают вовремя ложиться спать и систематически опаздывают в школу. Как изменить такое поведение, не впадая в логику войны с ребенком?

Давайте сначала поймем, как оно устроено изнутри, это самое плохое поведение, а потом шаг за шагом попробуем что-нибудь с ним сделать.

Трудное или плохое?

Психологи, кстати, обычно не используют выражение «плохое поведение», предпочитают говорить «трудное». И в этом есть своя логика.

Приходилось ли вам ловить себя на том, что когда другие родители жалуются на своих детей, вы думаете: «Вот еще нашли проблему! Подумаешь! Из-за этого и беспокоиться не стоит. Вот у моего тоже было, я так и так сказал или сделал, и все прошло».

Вы не поверите, но когда вы говорите о трудностях со своим ребенком, всегда есть кто-то, кто думает точно так же. Вас трясет, в доме уже на исходе запасы корвалола, вы чуть не плачете, когда об этом думаете, — а кому-то все кажется надуманным или легко решаемым. Одно и то же поведение ребенка может быть очень трудным для одних взрослых и совершенно не расстраивать других. Например, для кого-то непереносимы шум, постоянная беготня и озорство, а кто-то считает это нормальным поведением здорового ребенка дошкольного возраста. Кто-то с ума будет сходить от валяющихся по всему дому вещей, а кто-то и сам любит творческий беспорядок и не видит проблемы в том, чтобы перешагивать через сапоги, валяющиеся поперек прихожей.

Поэтому название «трудное» гораздо точнее. «Трудное» поведение — это поведение, с которым нам, взрослым, трудно. Трудно с ним смириться и трудно его исправить. То, которое отравляет нам жизнь, заставляет доходить «до белого каления», сомневаться в том, что мы хорошие родители, то, о котором мы думаем по ночам, бесконечно обсуждаем с родными и друзьями.

При этом объективно оно может вовсе и не быть таким уж плохим. Например, мечтательный, рассеянный ребенок собирается по утрам в школу. Долго-долго надевает один носок. Замечает, что надел наизнанку. Задумывается. Снимает. Смотрит на носок и снова думает. Выворачивает носок. Собирается надеть на ногу, но застывает: ему пришла в голову мысль. «Мама! А почему ботинки — правый и левый, а носки — одинаковые?» А до выхода из дома пара минут. И впереди еще брюки, свитер, ботинки и куртка с шапкой. В такие моменты родителю может быть не то что трудно, а просто слов нет, хоть на стенку лезь. Но ребенок-то ничего плохого не делает! Он одевается! Ну, и думает параллельно о всяком важном и интересном... А что, думать — это плохо?

И наоборот, очевидно плохое поведение, например воровство, грубость или катание на санках рядом с проезжей частью, может вовсе и не быть трудным — если мы знаем, как это поведение изменить, и у нас получается. Детям свойственно ошибаться и делать глупости, долг взрослых — их поправить. Дело житейское. Если мы объяснили, попросили, договорились, дали понять, что это недопустимо, пригрозили и наказали, наконец, и поведение изменилось, значит, в данном конкретном случае это не было трудным поведением.

Кстати, сплошь и рядом когда нам трудно, сам ребенок может и вовсе не видеть никакой проблемы (если не считать нашей, неадекватной, на его взгляд, реакции). Он-то ничего плохого не хочет и не имеет в виду! И эта еще одна причина, по которой трудное поведение не есть «плохое». Меньше всего ребенок хочет нас расстроить, разозлить или обидеть. Он просто ведет себя так, как ему удобнее, легче, привычней, безопасней. И искренне недоумевает, почему это мы так распереживались?

И все же трудное поведение — это очень плохо. Потому что оно способно полностью отравить жизнь родителям, а значит, и детям. Мы стараемся-стараемся, и так и эдак пробуем, а все по-прежнему. Мы начинаем чувствовать собственное бессилие, наша уверенность в себе как в родителе, воспитателе, взрослом начинает шататься. Наши отношения с ребенком портятся из-за постоянных скандалов и препирательств. Порой атмосфера в семье становится такой, что хоть из дома беги. Поэтому, как его ни назови, а мириться с ним не стоит. Если его в принципе можно изменить (если оно не связано с врожденными качествами ребенка или особой ситуацией) — надо менять.

Где у него кнопка?

Вот мы и добрались до «того самого» вопроса. Его часто произносят иронически — типа вот, взрослые нормально общаться с детьми не хотят, им подавай робота с переключателем. Конечно, это не так. Ни один нормальный родитель не хочет вместо своей живой и теплой детки управляемую куклу. И вопрос о кнопке возникает не случайно, мы же чувствуем, что есть какая-то тайная пружина, управляющая поведением ребенка. И она действительно есть, и у нас, и у детей. Очень простая — мы обычно делаем что-то потому, что нам это нужно. Вот и все. Нужно на самом деле, на глубинном уровне, а не по чьему-то мнению, не по чьему-то примеру, не по инерции, не по чьим-то привычным представлениям.

Разница между «на самом деле нужно» и «мы думаем, что нужно» очень существенна. Например, взрослым часто кажется, что дети хотят только удовольствий и развлечений и чтобы никаких запретов и обязательных дел. Это, конечно, не так. Спросите как-нибудь в подходящий момент у своих детей, хотели ли бы они, чтобы их жизнь стала такой **на самом деле**. Не на пару дней, а насовсем. Вечный праздник, в котором взрослые выполняют все капризы, ничего не запрещают и не заставляют. Возможно, поначалу эта мысль вызовет восторг. Но подумав и пофантазировав, дети довольно быстро приходят к выводу, что такая «чудесная» жизнь без всяких «нельзя» и «надо» до добра не доведет. Не только в дальней перспективе, о которой любят говорить взрослые («и что из тебя вырастет?»), а даже прямо сейчас. Дети часто не могут внятно сформулировать почему, просто чувствуют дискомфорт и тревогу, когда представляют себе в подробностях этот «праздник непослушания». Ему это не нужно.

А что же нужно? Да ничего особенного, то же, что и любому в общем-то человеку, с поправкой на то, что ребенок — «Очень

Маленькое Существо» и потребность в защите и заботе у него намного выше.

Ребенку нужна уверенность в том, что его взрослый любит его, помнит о нем, что он всегда на его стороне и к нему всегда можно обратиться за помощью. Важно знать, что его любят не только тогда, когда им полностью довольны и все разрешают, что наши «надо» и «нельзя» не означают отвержения.

Ребенку необходимо чувствовать, что его взрослый «знает, как надо», что есть правила и границы дозволенного, потому что без этого ему страшно и неуютно. Ребенок прекрасно чувствует, что сам еще не способен полностью управлять своим поведением и справляться со своими эмоциями, ему нужен родитель как надежный «контейнер» для его, ребенка, несовершенства, как молодому деревцу нужны бывают опора и заграждение.

Ребенку необходимо быть успешным, преодолевать собственное неумение, сопротивление, страх, чувствовать, что он растет, что сегодня знает и умеет больше, чем вчера. Даже если сию секунду он больше всего на свете хочет, чтобы не надо было идти к зубному врачу или писать контрольную, другая его часть мечтает преодолеть трудности и иметь основания гордиться собой.

Ребенку необходимо получать от взрослых информацию о том, что такое хорошо и что такое плохо, в том числе и критику своих поступков и суждений. Тогда у него есть ориентиры, система координат, ценности, которые он может, конечно, и не принять, но даже для того, чтобы с ними спорить, о них сначала нужно получить представление.

Ребенку нужно получать разнообразный опыт взаимодействия с людьми, получать их естественную реакцию на свои поступки. Это позволяет ему потом планировать свои действия, оценивать их последствия и в конечном итоге чувствовать себя более уверенно в мире людей.

Ребенку очень важно чувствовать себя нужным, необходимым, понимать свое место в семье и в группе детей.

Таким образом, ребенок хочет вовсе не только конфет, игрушек, компьютера без ограничений и каникул 365 дней в году. Он, как и всякий нормальный человек, хочет:

- хорошо себя чувствовать (не испытывать страданий, не бояться, не делать чего-то очень неприятного);
- быть любимым, принятым, нравиться (своим родителям, сверстникам, учителям), в том числе быть уверенным, что от тебя не откажутся;
- быть успешным (в отношениях с родителями, в дружбе, в игре, в учебе, в спорте);
- быть услышанным, понятым, общаться, дружить, получать внимание;
- быть нужным, чувствовать принадлежность, знать свое место в семье;
- знать правила игры и границы дозволенного;
- расти, развиваться, реализовывать способности.

Хорошие такие, правильные желания и потребности. Как ни странно, при ближайшем рассмотрении оказывается (и в этом мы чуть позже убедимся), что всеми своим выкрутасами и неприятными поступками дети чаще всего добиваются именно этих целей. Причем добиваются всеми имеющимися в их распоряжении средствами. Цели, еще раз обратите внимание, совершенно благовидные и понятные. Ничего плохого он не хочет. Почему же, раз он хочет как лучше, получается как всегда?

Трудное поведение как примитивная технология

Дети, как мы уже говорили, очень сильно зависят от взрослых. От их взглядов на воспитание, принципов, отношения к ребенку, даже от сиюминутного настроения. Общаясь с родителями год за годом, ребенок становится все более продвинутым «экспертом по собственным родственникам». Мы часто говорим детям, что знаем их как облупленных. Так вот, если честно, они знают нас гораздо лучше. Их лимбическая система настроена на контакт с нами, на распознавание наших реакций и эмоций. Просто потому, что они зависят от нас больше, чем мы от них. Вот вас чье сегодняшнее настроение будет больше интересовать: своего начальника или своего подчиненного?

Если ребенок общается со своими взрослыми много и качественно, если они достаточно открыты в проявлении чувств, если ему спокойно с ними, ничто не мешает его огромной исследовательской работе по изучению взрослых. И тогда уже к 7—10 годам он знает, к кому и с чем надо подойти, как с кем разговаривать, у кого какие слабые места и больные мозоли. И эти знания позволяют ему довольно неплохо устраивать свои дела, они помогают получить нужную ему вещь, когда-то отправиться спать пораньше или прийти домой попозже, когда-то улизнуть от домашних обязанностей, в какой-то момент получить поддержку и помощь, или возможность побыть «маленьким и бедненьким», в другой — получить больше самостоятельности, «карт-бланш» на какие-то новые затеи. Они же позволяют избегать «взрывоопасных» моментов, не нарываться без крайней необходимости на неприятности. А с другой стороны, когда-то почувствовать, что самому родителю сейчас несладко, и отступить со своими просьбами, перестать качать права, пожалеть, помочь. Все это образует коммуникативную компетентность, умение понимать и чувствовать другого, общаться и договариваться.

Семьи, в которых коммуникативная компетентность (прежде всего взрослых) высока, живут практически без скандалов, в них, как говорят, «хорошая атмосфера». Семьи, в которых не научились понимать друг друга и быть «экспертами по родственникам», нередко выясняют отношения и разрешают противоречия более грубыми способами: криком и руганью, а то и дракой. Если ты человека не понимаешь, не чувствуешь, на место «слепого пятна» тут же вторгаются стереотипы, ярлыки, проекции вроде «Всем вам, мужикам, только одно нужно», «Все бабы истерички, и ты туда же», «Детей надо держать в ежовых рукавицах, а то обнаглеют» и все в таком роде, после чего общение продолжается уже не с реальным человеком, у которого какие-то там чувства и желания, с фантомом, который сведен к одной какой-то плоской характеристике: «кобель», «истеричка», «наглец» и тому подобное. Согласитесь, договориться в этой ситуации будет непросто.

Как формируется у ребенка коммуникативная компетентность? Конечно, в общении со «своими» взрослыми. Чем больше времени они проводят с ребенком, чем более открыты и искренни с ним, чем чаще говорят о своих чувствах, о том, что им нравится и не нравится и почему; чем сложнее, тоньше, разнообразнее та обратная связь, которую получает ребёнок от взрослых в ответ на каждый свой поступок, тем лучше условия его коммуникативного развития. При этом одно из важнейших условий — отсутствие тотального стресса, постоянного страха или чувства одиночества. Стресс «обжигает» лимбическую систему, делает ее невосприимчивой к нюансам, и ребенок реагирует только на грубые, явные проявления окружающих: «Пока не заорешь, не понимает». Если ребенок элементарно боится своих родителей или практически их не видит, у него формируется грубое, примитивное коммуникативное поведение (истерики, крики, агрессия, ступор и т. д.).

Практически любое трудное поведение — это не что иное, как поведение примитивное, грубое, «простое», действие по кратчайшей траектории. Привлечь к себе внимание истерикой просто, врезать в ответ на обидные слова — просто, уйти, хлопнув дверью, если что-то обидело, — просто, отказаться делать уроки, поскольку трудно и непонятно, — просто. При этом, как мы помним, даже самое ужасное поведение не направлено по своей подлинной цели «против» кого-то, оно всегда «за» ребенка, его цель — удовлетворить какие-то его потребности: получить внимание родителя, защитить себя от душевной боли, не быть неуспешным. Но добиться того же самого более приемлемыми и приятными способами он не может или не знает как.

Ребенок пришел из школы домой, в дневнике двойка по русскому.

Мама спрашивает:

— Ну, как сегодня в школе, что получил?

— Ничего, меня не спрашивали.

А мама-то как раз по дороге из магазина встретила его учительницу и про двойку знает.

— Ты уверен? А я вот слышала, что спрашивали.

Ребенок делает глаза еще честнее и шире, добавляет в голос уверенности:

— Нет! Не спрашивали! У нас сегодня вообще никого не спрашивали, была новая тема.

— Да как ты смеешь так нагло мне в лицо врать! — кричит мама уже вне себя от гнева.

Что происходит? Ребенок, конечно, понимает, что за двойку его не похвалят. Ну не убьют, конечно, и даже не побьют, но мама расстроится, будет ругать или засадит дополнительно заниматься. Ему не хочется всего этого, хочется, чтобы тихо-мирно и без неприятностей. Как этого добиться? Детское сознание магично: скажи «халва» — будет сладко. Вот он и говорит уверенным голосом, что нет никакой двойки, и сам в это почти верит. Раньше получалось. А тут мама не верит, сомневается. Значит что? Плохо вру, некачественно. Надо поднажать. Добавить «честности». И чего это мама так разозлилась?

Даже если нам кажется, что ребенок делает что-то «назло» и его единственная цель — довести нас до белого каления, это

Возможно, он хочет найти, где проходят границы дозволенного

почти наверняка не так. Просто потому что наше «белое каление» само по себе ему совершенно ни к чему. Возможно, он хочет проверить прочность привязанности и убедиться, что «даже такого» мы его все равно любим. Возможно, он уже напуган взрослыми, их беспомощностью или их жестокостью, и хочет всегда быть главным, настаивать на своем, обеспечивая тем самым собственную безопасность — ведь если он «главный», мы не сможем причинить ему никакого вреда. Возможно, он хочет найти, где проходят границы дозволенного, потому что границы — не только запреты, но и гарантия безопасности, и дети это прекрасно знают. Возможно, он просто не может справиться со злостью на что-то, выливая ее на нас, и это его способ, чтобы не погрузиться в пучину обиды, отчаяния, депрессии. Возможно, он просто по-детски чего-то очень сильно хочет, но не верит, что его желания нам важны и интересны, поэтому ему в голову не приходит ими поделиться — проще добиваться заветной цели «своей мозолистой рукой». Или просто хочет избежать неприятностей, как в нашем примере, и в силу своей детской еще наивности не понимает, что только увеличивает масштаб проблемы.

Ребенку есть чем заняться помимо того, чтобы специально доводить взрослых. Перед ним стоят большие задачи, ему надо расти, развиваться, разбираться в жизни, укрепляться в ней. Проблема в том, что его «арсенал», набор технологий по достижению целей может быть скуден — в силу возраста или в результате нарушения отношений со своими взрослыми. Задача по изменению трудного поведения — это и есть задача по расширению арсенала технологий, обучению ребенка более сложным, но более эффективным способам добиваться своего.

В общем, мы с вами долго разоружались, чтобы теперь подумать, как бы нам получше вооружить ребенка. Не для войны с нами — для завоевания мира. Ниже мы по шагам — их будет семь — разберем алгоритм изменения поведения трудного на поведение приемлемое.

В поведении ли дело?

Давайте сейчас еще ненадолго притормозим и подумаем. Браться за изменение трудного поведения вашего ребенка иметь смысл, только если дело **именно в его поведении**. Тогда, действуя по ниже перечисленным шагам, вы действительно сможете помочь ему овладеть лучшими технологиями достижения целей, а значит, перестать портить вам и себе нервы, стать более взрослым, успешным, воспитанным, организованным.

Если дело не в поведении, а в чем-то более глубоком, использовать «семь шагов» бессмысленно, как бессмысленно просто сбивать температуру при тяжелой болезни. Если результат и будет, то кратковременный, а то и хуже станет, поскольку дети прекрасно чувствуют «приемчики» и протестуют против такого с собой обращения.

Возможно, имеет смысл начать с ваших отношений, с укрепления связи между вами. Подумать, понаблюдать, проанализировать, что происходит между вами. Например, понаблюдать, какие слова вы часто говорите ребенку?

Вопросы для анализа отношений	**Привычные фразы, которые могут служить признаком того, что проблема имеется**
Не чувствует ли ребенок угрозы привязанности, уверен ли он, что защищен и любим?	Глаза б мои тебя не видели! Уйди отсюда, не желаю с тобой разговаривать. Больше никогда тебя с собой не возьму! Я ухожу, а ты как хочешь (маленькому ребенку). Иди в свою комнату и не смей выходить.
Не даете ли вы ему понять, что он разочаровывает вас, что вам он — такой — не нужен?	У других дети как дети, у меня же... Почему с тобой вечно все не слава богу? Ты опять хуже всех! Я столько сил потратила, чтобы ты (поступил в хорошую школу, выиграл конкурс, начал учить язык), а ты! Да что ты о себе воображаешь?

Вопросы для анализа отношений	Привычные фразы, которые могут служить признаком того, что проблема имеется
Не демонстрируете ли беспомощность?	Горе мое, не знаю, что с тобой делать! Сил моих на тебя нет! Я с ним не справляюсь. Я больше не могу.
Не злоупотребляете ли, перевешивая на ребенка ответственность за отношения?	Ты любишь мамочку? Почему ты такой неласковый? Я на тебя обиделась. Ты неблагодарный, не ценишь ничего! Пока не извинишься, не подходи ко мне.
Не сдаете ли ребенка «третьему»?	С тобой со стыда провалиться можно! Опять мне краснеть из-за тебя? Люди смотрят, думают: какой невоспитанный мальчик. Вот тебя сейчас заберет чужая тетя. Нас сейчас отсюда выгонят (нас будут ругать).

Иногда достаточно начать давать ребенку больше защиты и заботы, да просто внутреннее перестать перетягивать с ним канат, вспомнить, что вы его любите, само это состояние вернуть себе, и поведение сказочным образом начинает меняться к лучшему без всяких шагов вообще.

Молодая, очень милая женщина озабочена тем, что ее пятилетняя дочь «растет потребителем». Проявляется это в том, что каждый раз, когда мама приходит за ней в детский сад, дочь бежит к ней с вопросом: «А что ты мне купила?» Если выясняется, что ничего, обижается, капризничает и на обратной дороге прикладывает все усилия, чтобы затянуть маму в магазин игрушек или хотя бы в киоске какой-нибудь пустяк выцыганить. Мама уже боится этих вечерних возвращений домой, старается проложить маршрут подальше от торговых точек и не может понять, как ей отучить дочь от такой ненасытной требовательности.

При этом мама рассказала, что еще пару лет назад они жили очень скромно, если не сказать бедно, отец их оставил и не помогал деньгами, маме приходилось крутиться, чтобы, сидя с ребенком дома, хоть что-то зарабатывать, каждая копейка была на счету, ничего купить особо дочери не получалось. Сейчас жизнь наладилась, дочка ходит в детский сад, у мамы неплохая зарплата, но это же не повод скупать тоннами всякую чушь, которая потом валяется по всему дому.

Что происходит в этой ситуации? Ребенок долгое время чувствовал, что мама напряжена из-за денег, нервничает. Он, конечно, считывает ее тревогу, связанную именно с покупками-подарками, и начинает «дергать за веревку», чтобы убедиться, что все в порядке. Все действительно уже в порядке, но мама боится «потребительства», поэтому не идет навстречу желаниям дочери, а воюет с ними. Естественно, тревога ребенка еще больше усиливается, она еще больше требует, мама еще больше сердится. Замкнутый круг.

Мы с мамой решили попробовать действовать прямо наоборот. Теперь она обязательно приходит в детский сад с подарком, причем не обязательно покупным. Это может быть красивое яблоко, смешная картинка, которую она нарисовала по дороге с работы, магнитик, подаренный клиентом, большой блестящий каштан, найденный на улице. Главное — подарок должен быть вручен сразу, еще до того, как ребенок потребует. И вручен с радостью, как дар любви и заботы. Важно показать девочке, что привязанность прочна, мама помнит про нее и ее желания, и у мамы всегда есть все что нужно для своей дочки. Довольно быстро это сработало, баталии прекратились, а еще через некоторое время девочка уже сама бежала маме навстречу с подарком: аппликацией, конфетой, сохраненной с праздника, одуванчиком, сорванным на прогулке. Конечно, никакого «потребительства» в ее характере не было, просто тревога.

Следующее, про что стоит подумать, — возраст ребенка и его задачи в этом возрасте.

Когда научившийся хорошо ходить и всюду залезать малыш использует эти свои умения на полную катушку, у родителей наступает веселая жизнь. Сапоги лежат на шкафу, чтобы их не облизали, ножницы заперты на замок, а кошка вообще старается слиться с интерьером. Но хотели бы вы, чтобы он никуда не лез, ничего не трогал, чтобы сидел неподвижным апатичным кульком и целый час держал в руке ту игрушку, которую ему сунули? Так сидят дети в домах ребенка, растущие без родительской любви, и это довольно грустное зрелище.

Вы правда уверены, что вашей пятнадцатилетней дочери полезнее сидеть вечерами дома и делать уроки, чем «думать о мальчиках»? То есть не учиться общаться, в том числе устанавливать дистанцию, определять безопасность и надежность партнера, учиться отказывать, разрешать ситуации соперничества и т. п. С чем она выйдет в жизнь после успешной сдачи ЕГЭ, что ей поможет строить отношения с молодыми людьми, когда вас уже не будет рядом, — теорема Пифагора?

Ответьте себе честно: то изменение поведения, о котором вы мечтаете, соответствует задачам возраста, поможет ли оно развитию ребенка? Не лучше ли просто подождать, сохраняя контакт с ребенком и удерживая разумные границы, пока он не освоит очередную высоту? Сэкономите время и нервы.

Дальше: то, что делает (не делает) ребенок, — точно ли вопрос поведения? Возможно, это его личные особенности, которые нужно просто принять, приспособиться к ним, сглаживая проявления, но не требуя коренных изменений? А может быть, это реальная проблема со здоровьем, которую нужно просто лечить, а не исправлять воспитательными методами: гиперактивность, утомляемость, депрессия, невроз, сильные страхи?

Родители в бешенстве: восьмилетний сын не спускает за собой воду в унитазе. Причем раньше прекрасно все делал как надо, а вот примерно полгода назад — перестал. Говорит «Я забыл». Напоминали, ругали, стыдили, орали, наказывали. Ребенок просил прощения, обещал, что больше это не повторится, краснел, плакал. И все оставалось по-прежнему. Мальчик умненький, тонкий, хорошо учится — ну что за заскок такой?

Однажды летним вечером папа гулял с сыном в парке, наигрались в футбол, устали, сели отдыхать в тени. О чем-то говорили, папа вспоминал, как в детстве был в пионерском лагере и как там по вечерам мальчишки рассказывали друг другу страшные истории. Сын вдруг напрягся, а потом разрыдался и, глотая слезы и вцепившись в папину руку, рассказал, почему не спускает воду в туалете. Старшие ребята на даче как-то рассказали ему, что в бачке унитаза живет череп, просто так его не видно, но иногда, в момент спуска воды, он вдруг выскакивает и вцепляется человеку зубами в горло. И ты даже охнуть не успеешь, как загрызет. А если расскажешь кому-нибудь, что про это знаешь, то тогда точно череп тебя подкараулит и убьет. Папа был поражен видом ребенка, у него были расширены глаза, бледный, руки трясутся от страха. Он не стал говорить, что «это все глупости», и стыдить сына, просто договорились, что теперь, сходив туалет, мальчик будет звать его или маму и спускать воду, приоткрыв дверь. На следующий день родители записали сына к детскому психологу, буквально нескольких встреч хватило, чтобы справиться с фобией.

Не менее важный вопрос: что со мной? Не истощен ли я? Не пугаю ли ребенка своим гневом, отчаянием, паникой? Не стоит ли мне начать с себя, своего состояния?

Проблемы могут быть не только с вами лично, но и с семьей в целом.

Плохих историй, в которые успел попасть одиннадцатилетний Павлик буквально за пару последних месяцев, хватило бы на десяток мальчиков и еще на пятерых девочек бы осталось. Он послал матом директора школы, разбил окно в классе (специально), сбегал с уроков, дрался, не приходил вовремя домой, украл деньги у родителей, потом банку пива в магазине, даже в милиции успел побывать. При этом прежде Павлик не отличался собой склонностью к нарушению порядка, ну, бывало, хулиганил, но в пределах нормы. На все увещевания и воспитательные беседы отвечал хамством, орал родителям, чтобы они отстали, что они ему не нужны и всякое еще малоприятное. Его даже отлупили один раз, но на поведении это никак не отразилось, на следующий же день все продолжилось.

На консультацию они пришли вместе, всерьез перепуганные тем, что происходит с их единственным сыном. Слово за слово — выяснилось, что отношения между самим супругами в глубоком кризисе. Не то чтобы они прямо завтра собирались разводиться, но уже давно не было прежней близости, накопились какие-то претензии и обиды, да и просто усталость, они практически не разговаривали друг с другом, общались только по надобности — вот, например, из-за проблем с Павликом. Вдруг мама застыла на мгновение и, посмотрев на мужа, сказала: «А ведь сегодня, когда мы ехали сюда в машине, я впервые за долгое время подумала: как хорошо, что ты рядом, что мы вместе, одна бы я уже свихнулась от всего этого». Потом они долго молчали, пораженные открытием. И папа положил на ее руку свою руку и, наверное, обнял бы, но меня постеснялся. А мама заплакала.

Они договорились, что придут еще раз, но уже не про Павлика, а на супружескую сессию, а Павлика они, пожалуй, прямо сейчас поедут заберут из школы и забурятся все вместе на дачу на пару-

тройку дней, хоть уже и осень, будут валяться, гулять, смотреть вместе кино и приводить нервы в порядок. И никакого воспитания.

Если ребенок ведет себя плохо, особенно если это началось после чего-то (вашей с супругом ссоры, переезда, рождения младшего), обязательно спросите себя: что с семьей в целом? Не пытается ли ребенок своим поведением что-то вам сообщить, на что-то повлиять? Дети очень любят своих родных и, если надо, легко приносят себя в жертву семье. Подумайте, не стремится ли он, например, восстановить справедливость, если в семье нарушен баланс между правами старших и младших детей? А может быть, создавая проблемы, он хочет вытянуть кого-то из родителей из депрессии, в которую тот все больше погружается? Отвлечь от начинающейся формироваться зависимости? Или, возможно, ребенок делает в школе или во дворе то, что вы, его родители, очень хотели бы, но не смеете сделать в своем взрослом окружении, на работе — послать всех к черту, нарушить правила и субординацию?

Наконец, не стоит ли за трудным поведением ребенка какая-то реальная проблема, о которой вы пока не догадываетесь, а он не решается вам сказать, поскольку вы увлеклись войной с ним. Возможно, его действительно обижает воспитатель в детском саду, или травят ребята в классе, или с него требуют денег взрослые хулиганы, ему не дается учеба в слишком сильной школе? Тогда самое время вмешаться, защитить, может быть, забрать из непереносимой для ребенка ситуации, воспитанием его самого тут ничего не сделаешь, Но возможно, почувствовав вашу готовность его защищать, он сам почувствует себя увереннее и начнет лучше справляться с собой.

Если вы убедились, что дело в поведении и только в поведении, тогда вперед. Держим в голове, что ребенок не хочет ничего плохого, и дело в том, что он добивается своего негодными технологиями. Пошагали.

Шаг первый. Определяем цель

Нам многое может не нравиться в поведении ребенка. Не слушается, шумит, разбрасывает, теряет, грубит, врет, не хочет делать уроки... А хотелось бы, конечно, чтобы все наоборот. Чтобы слушался, помогал, был всегда чистым и любил читать умные книжки. И уроки делать тоже любил. Словом, чтобы все делал правильно.

Так вот, есть две новости: одна плохая, другая хорошая. С какой начинать, все равно, потому что звучат они одинаково: это невозможно. Детей, полностью соответствующих ожиданиям и пожеланиям родителей, не бывает на свете. Это, с одной стороны, делает родительскую жизнь не столь безмятежной, как хотелось бы. С другой — только представьте себе, что случилось бы, если бы детей можно было легко сделать «удобными» и «правильными» с точки зрения взрослых. Если бы такой ребенок, тихий, аккуратный, послушный, никогда ничего не «выдумывающий», никогда ни от чего не «отлынивающий», никогда никуда не «лезущий без спроса», вышел в жизнь.

Мы ведь хотим, чтобы он был в ней успешен. Чтобы мог сказать «нет», постоять за себя, приспособиться к меняющимся обстоятельствам, точно определить, что для него лучше, преодолеть трудности, достичь чего-то выдающегося в своем деле. И мы совсем не хотим, чтобы им помыкали, пользовались, чтобы делали его козлом отпущения, чтобы он панически боялся нарушить любую норму и правило, чтобы был нелюбопытен и безынициативен. Легко видеть, что наши ожидания от ребенка и от него же после 18 лет не то что разные — они прямо противоречат друг другу.

Поэтому предлагаю отставить в сторону мечты об идеально ведущей себя детке и начать думать в более практическом ключе. На самом деле, если проанализировать, из всего того, что наш ребенок делает неправильно (не так, как мы хотели бы), по-настоящему выводят нас из себя лишь два-три вида поведения. Понаблюдайте за собой, и вы убедитесь в этом сами.

Здесь срабатывает широко известный принцип «20 на 80». Почему-то его принято формулировать на примере потребления пива, и он гласит: 20% людей выпивают 80% пива, и наоборот, оставшиеся 80% людей выпивают лишь 20% оставшегося пива. Так и есть, конечно. И справедливо это соотношение не только для пива. Действительно, 80% времени мы носим 20% всей имеющейся у нас одежды, поскольку есть вещи более любимые, и ситуации в жизни более частые. В 80% случаев мы готовим для семьи любимые блюда, которые составляют лишь 20% всего того, что мы в принципе умеем готовить.

Кстати, и 80% всех результатов воспитания мы получаем ценой лишь 20% потраченных усилий и времени, а остальные 80% времени (нотации, выговоры, «я с тобой не разговариваю» и прочие способы скоротать вечерок) если и дают эффект, то это лишь

80% наших переживаний связаны с 20% того, что наш ребенок делает «не так»

20% всего необходимого. Точно так же с трудным поведением: 80% наших переживаний связаны лишь с 20% всего того, что наш ребенок делает «не так». Во всех остальных случаях мы либо знаем, что делать, либо не очень расстраиваемся («сам такой был», «перебесится и все пройдет», «ну, просто он такой»).

Что нам это дает? Очень просто: если какое-то дело или обстоятельство более значимо, именно им и надо заниматься. Вряд ли вашу семью утешит, что вы бесподобно один раз в год к новогоднему ужину жарите гуся и печете «Наполеон», если ежедневные борщ и котлеты в вашем исполнении в рот взять нельзя. Если до прихода гостей осталось 20 минут, а в комнате беспорядок, нужно заняться тем, что на 80% определяет впечатление «убранности» — застелить постель, попрятать крупные валяющиеся вещи, подмести пол. Протирать пыль со всех статуэток на полочке в этот момент довольно глупо. Все это совершенно понятно, когда речь идет о бытовых проблемах. Наша задача — помнить про принцип «20 на 80» и в вопросах воспитания. Если нас по-настоящему выводят из себя и разрушают наши отношения с ребенком лишь некоторые виды его поведения, именно на них и надо сосредоточить свои усилия. А все остальное — если руки дойдут.

Итак, шаг первый: выбрать цель. Один, максимум два вида поведения ребенка, которые по-настоящему отравляют нам жизнь. Это может быть все что угодно, в том числе и нечто такое, что постороннему наблюдателю показалось бы ерундой. Если вы все время думаете об этом, если вы сильно злитесь или отчаиваетесь, если вы вспоминаете о случаях такого поведения на работе, засыпая и просыпаясь, если вы постоянно обсуждаете проблему с супругом или с друзьями, значит, это оно и есть. Те самые ваши 20%. А может, и 10 или 5. Иногда одна мелочь может отравить жизнь больше, чем сто крупных проблем (кто гулял в натирающих туфлях в прекрасный день по чудесному парку в замечательной компании — тот знает).

Если не получается назвать цель с ходу, попробуйте записывать в течение нескольких дней в блокнот, что ваш ребенок делал «не так». А потом честно спросите себя — что из этого **действительно** отравляет мне жизнь? И выберите один, максимум два пункта. Это и есть цель. Именно это поведение надо изменить настолько, чтобы оно стало для вас приемлемым. Не идеальным и удобным — просто терпимым. Чтобы оно перешло в разряд «мелких проблем».

Если все-таки вы обнаружите, что таких пунктов не один-два, а, скажем, пять, действуйте последовательно. Невозможно начать готовить суп, не решив сначала, что это будет — борщ или окрошка. Наметьте цель № 1. Это ваша задача на ближайшее время, скажем, два-три месяца. Все остальное пока отодвиньте в сторону, постарайтесь не переживать, скажите себе: «Я подумаю об этом позже». Когда добьетесь успеха с целью № 1, и если к тому времени остальные проблемы еще будут актуальны, вы займетесь ими.

Итак, наша задача — сделать неприемлемое для нас поведение приемлемым.

Представьте себе, как будет выглядеть это приемлемое поведение. Что именно должен ребенок делать или не делать, чтобы «жить стало легче и веселей». Как это соотносится с обстоятельствами вашей жизни? Что в результате выиграете вы? Что выиграет ребенок? Например, если в результате того, что ребенок не будет просиживать за уроками вечера напролет, у вас и у него появится больше времен, — чем вы думаете заняться?

Чем подробнее и конкретнее вы представите себе результат, тем более разумными и целенаправленными будут все ваши действия. Лучше всего описать результат на бумаге: вот прошло три месяца. Вы сумели решить проблему. Как теперь выглядит типичная ситуация, от которой сегодня вас трясет? Что говорите или делаете вы? Что говорит и делает ребенок? Как вы оба себя чувствуете?

И еще важный вопрос: не создаст ли этот новый способ поведения какие-то новые сложности? Если больше не придется часами обсуждать с супругом «нашего оболтуса, который опять прогулял школу», найдется ли другая тема для разговоров? Если ребенок вылезет из-за компьютера и станет гулять с друзьями, вы готовы будете его отпустить и не контролировать каждый шаг, не диктовать, с кем ему следует дружить, а с кем нет?

Кстати, возможно, будет не лишним обсудить эту картинку с ребенком. Нравится ли она ему? Все ли устраивает? Что мешает, чтобы такое началось прямо с завтрашнего дня? Только начинайте разговор без наезда, без «многозначительного» тона, спокойно, даже расслабленно: «Вот я иногда мечтаю, чтобы у нас было так... А ты бы так хотел?» Очень может быть, что узнаете много интересного!

Шаг второй. Что именно происходит?

Изменение трудного поведения — это задача, которую предстоит решить. Что мы делаем обычно в первую очередь, чтобы решить какую-либо задачу? Изучаем исходные данные, условия, собираем информацию. Казалось бы, это очевидно. Никому не взбредет в голову решать задачу, про условие которой известно только, что там какие-то путники вышли из какого-то там пункта и куда-то долго шли. При этом требуется узнать, через сколько именно часов и в какой точке они встретились. Всякий скажет: нельзя эту задачу решить, исходных данных недостаточно.

Но когда речь идет о поведении ребенка, родители часто именно так и пытаются поступить.

Типичный вопрос на консультации: «Он меня не слушается совершенно, что делать?» Спрашиваю: «Что это значит — не слушается? Когда именно? В каких ситуациях? Что делает?» В ответ:

«Ну, не слушается! Никогда!» Но я продолжаю задавать вопросы и вскоре мы выясняем, что ребенок, например, не сразу выключает компьютер, когда ему велят, или долго упирается, прежде чем лечь вечером спать. Что в ответ он огрызается, или соглашается, но не делает или врет, что уже сделал. Что если настаивать, он злится или плачет. И множество еще всяких подробностей.

Или еще любимая фраза: «Он ничего не хочет!» Обычно выясняется, что как раз много чего хочет, но не того же, чего хотят взрослые. А именно: не хочет убирать в комнате и делать уроки. Еще не хочет в музыкальную школу ходить и на шахматы. А на футбол, наоборот, хочет. И новые ролики хочет тоже. В комнате, тоже, кстати, не всегда не хочет убирать — вот на прошлой неделе девочка в гости приходила, так все сияло и блестело. Да и уроки не прямо все подряд не хочет делать, письменные делает, а устные ненавидит, пересказы все эти. У него память плохая, трудно ему это.

Согласитесь, две большие разницы: ребенок, который «ничего не хочет», и ребенок, который не хочет делать то, в чем не видит смысла (чего убирать, если гостей не ожидается?), или то, в чем боится потерпеть неудачу (лучше с вызовом сказать: «Я не учил», чем угробить два часа на подготовку, а потом все равно жалко блеять у доски и чувствовать себя тупицей).

Поэтому самое важное для начала — точно описать трудное поведение. Не «она постоянно врет», а по пунктам: как часто врет; по каким поводам; при каких обстоятельствах; как именно; что делает, если не верят; как реагирует, когда разоблачают; пытается ли как-то сама справиться со своим поведением; считает ли его неправильным; как объясняет причины и т. д. и т. п. Чем более детальное описание «исходных данных» будет у вас в руках, тем легче вам будет выдвинуть предположение о внутренней пружине трудного поведения, о том, какая потребность за ним стоит и какие «плохие» технологии используются.

Не забываем задать себе вопросы: было ли трудное поведение таким всегда или появилось в какой-то момент? Что этому предшествовало? Что могло в это время вызвать у ребенка стресс, или протест, или ревность? В чем вообще сейчас у ребенка может быть особая потребность? Может быть, у него нервы на взводе после перенесенного тяжелого ОРВИ? Может быть, у него нет друзей в классе, его дразнят и отвергают? Может быть, у него подростковый возраст и он пытается разобраться в себе и в своих отношениях с вами?

Следующий круг вопросов: что вы уже пробовали делать? И какой был результат? Какие ваши действия улучшают поведение ребенка, а от каких становится только хуже? Как вы выходите из ситуации? Быстро ли потом миритесь? Что происходит с вашими отношениями? Как выглядит и чувствует себя ребенок во время и после «инцидента»? А как вы?

Сравните три ситуации, которые исходно были описаны родителями совершенно одинаково: «Невозможно с ней: рыдает по любому поводу».

Марусе два с половиной года, она умненькая, энергичная девочка, раньше не была особо капризной, но в последнее время ее характер испортился. Она не терпит ни малейшего отказа, настаивает на своем, плачет, кричит, может даже замахнуться на маму или лечь на пол и рыдать. Иногда плачет так сильно, что начинает захлебываться. Особенно плохо дело в поездках, в гостях, в людных местах. Мама уже боится ходить с Марусей в магазин, это почти всегда заканчивается сценой. Кроме самых тяжелых случае, она успокаивается быстро, уже через пять минут настроение снова хорошее, бодрое. Родители пытались отвлекать, ругать, оставлять одну в комнате, умывать холодной водой. Помогает не очень.

Алине семь, она недавно пошла в школу. Она способная девочка, поэтому школу родители выбрали сильную, учительница очень требовательная. Алина справляется с программой, она аккуратная и ответственная, но к концу первой четверти стала очень нервной. Плачет, если хоть что-то не получается в домашнем задании, поливает слезами почти каждый пример или строчку с буквами. Родители предлагают переделать — плачет, потому что нет сил, устала. Предлагают оставить как есть — плачет, потому что учительница не напишет «Молодец». Собирая портфель, может заплакать, обнаружив, что карандаш сломался или тетрадь помялась. Иногда доходит до рыданий, переходящих в изнеможение. После каникул стало немного лучше, но потом опять началось. Родители спрашивали, не обижает ли ее учительница: говорит, нет, Алла Петровна хорошая, добрая.

Насте 11, и она всегда была ребенком очень чувствительным, застенчивым, легко краснеет, легко выступают слезы. Может заплакать, если что-то не получилось, если с ней хоть немного строго поговорили, просто если оказалась в центре внимания. Плачет тихо, прячет слезы, очень старается перестать, но обычно не может. Если начинают утешать или стыдить, слезы начинает лить ручьями, и Настя пытается убежать в туалет, особенно если дело происходит при ребятах. Если не обращать внимания, через какое-то время сама успокаивается. В классе ее дразнят за частые слезы.

Как мы видим, это совсем разные случаи, разные дети, разные причины слез, а значит, и разные стратегии изменения поведения, о которых мы еще поговорим.

В результате подробного описания у вас будет гораздо больше возможностей строить предположения, что может стоять за поведением ребенка и как нам действовать. Заодно и успокоитесь — трудно впадать в панику и в отчаяние в процессе вдумчивого наблюдения. Обычно уже по ходу появляются идеи и гипотезы о том, «как это все устроено». Значит, пора переходить к следующему шагу.

Шаг третий. Ищем «пружину»

Люди по природе своей ленивы. И взрослые, и дети. Мы не склонны делать то, что нам ни к чему. Тем более мы не станем делать ничего трудоемкого, энергозатратного да еще и влекущего за собой неприятности, если нам от этого нет никакой пользы. Причем это справедливо не только для «хороших» дел, но и для «плохих». Например, та же истерика. Очень энергозатратное поведение! Или воровство — это ж сколько сил и нервов надо потратить! Да и отбояриться от вынесения мусорного ведра, выдержать натиск родителей, их недовольство, а то и последующие санкции на самом деле гораздо труднее, чем вынести это самое ведро. Если ребенок все же выбирает столь утомительный тип поведения, значит, есть ради чего.

Из этого следует, что первый вопрос, который стоит себе задать, — зачем он это делает? Чего хочет? Мы уже говорили об общих целях, которые всегда стремится достичь ребенок, давайте теперь рассмотрим, как это происходит на деле.

Мы не сможем здесь разобрать все и всякие виды трудного поведения и его пружин, давайте возьмем для пристального рассмотрения что-нибудь посложнее, из тех видов трудного поведения, которые особенно сильно расстраивают родителей какого-нибудь часто встречающегося вида трудного поведения, тогда более простые вы сами сможете проанализировать по аналогии.

Например, воровство. Редко встретишь ребенка, который совсем никогда бы этого не пробовал. Еще реже встретишь родителя, который был бы способен реагировать на воровство философски. Это всегда очень больно ранит и выбивает из колеи, особенно если воровство повторяется.

Давайте попробуем представить себе, с какой целью в принципе может ребенок настойчиво таскать вещи или деньги? Не один раз по глупости, это еще не трудное поведение, а именно настойчиво, несмотря на объяснения и наказания. Нам понадобится вспомнить все, о чем мы говорили на протяжении книги, многие ситуации, которые рассматривались.

Список может получиться примерно таким:

1. У ребенка может быть просто пока не сформировано представление о собственности. Это довольно сложное абстрактное понятие, которое ребенок осваивает постепенно.

Давайте попробуем представить себе, с какой целью может ребенок настойчиво таскать вещи или деньги?

Я сама пережила когда-то неприятный момент, когда мама мальчика, с которым вместе мой сын жил в лагере в одной комнате, позвонила мне с жалобой, что он «берет без спроса чужое печенье». Понадобилось успокоиться, чтобы сообразить, что ребенок просто в первый раз в жизни живет не дома, где он привык, что если печенье лежит на столе, а ты хочешь — ты просто подходишь и берешь. То, что там это печенье не общее, а чье-то конкретно, и у хозяина могут быть на него свои виды, ему не пришло в голову, а мы не сообразили предупредить.

В этом случае потребность ребенка — **разобраться в вопросах собственности**.

2. Нередко воруют дети, родители которых уверены, что они лучше знают, «что ему в действительности нужно», и без достаточных оснований отказывают в покупке модной одежды, предметов увлечения, слишком ограничивают карманные деньги. Это заставляет ребенка чувствовать себя белой вороной среди сверстников, что для подростка очень тяжело. И создает у него впечатление, что с ним не считаются, не доверяют ему принимать решения (например, о том, как именно ему одеваться), «держат за маленького».

В этом случае потребность ребенка — **«быть в порядке», не испытывать отвержения сверстников,** и еще **принимать решения относительно самого себя.**

3. Часто целью ребенка, крадущего деньги, становится подкуп ровесников, которые готовы общаться с ним, только если у него есть сладости или игрушки. Это особенно бывает свойственно детям, которых детский коллектив отторгает из-за физических или других недостатков: полноты, маленького роста, заикания и т. д. Легко может попасть в положение изгоя новенький в классе, особенно если ребенок ведет себя нервно и неуверенно.

В этом случае потребность ребенка — **быть принятым сверстниками, иметь друзей.**

4. Бывает, что дети воруют для того, чтобы привлечь внимание родителей. Деньги или купленные на них сладости он может воспринимать как символическое замещение родительской любви. Часто такое происходит в периоды, когда родители из-за собственной усталости или в результате длительных конфликтов с ребенком утрачивают связь с ним, редко показывают свою любовь и заботу, предъявляя только требования и претензии.

В этом случае потребность ребенка — **быть любимым и принятым, получать внимание и заботу.**

5. Иногда дети своим трудным поведением, в частности воровством, пытаются воздействовать на ситуацию в семье. Например, между родителями есть долгий тлеющий конфликт. Они почти не общаются между собой, в доме висит напряжение. Но вот ребенок украл — и папа с мамой вместе принимают меры, обсуждают случившееся, снова, как раньше, часами сидят на кухне и разговаривают. Ребенок боится развала семьи гораздо больше, чем наказания, и может такими образом «объединять» родителей.

Именно это делал Павлик в истории, о которой уже шла речь выше.

В этом случае потребность ребенка — **близость и контакт между взрослыми, чувство защищенности в прочной семье.**

6. Ребенок может быть неуверен, что привязанность родителя к нему надежна, чувствует тревогу и страх, что его отвергнут, оставят. Поскольку это жизненно важно для него, дети в такой ситуации всегда очень точно определяют самые «уязвимые места» взрослых, и если детское воровство очень чувствительно для родителей, если именно это их «главный кошмар» и свидетель-

ство полного фиаско как воспитателей, то скорее всего именно этот тип поведения ребенок и будет использовать для того, чтобы задать вопрос: «Будете ли вы любить меня даже таким?»

В этом случае потребность ребенка — **быть уверенным, что привязанность надежна, не мучиться от тревоги**.

7. Встречается навязчивое воровство невротического характера, связанное с постоянно высоким уровнем тревоги. Этим синдромом порой страдают очень состоятельные люди, они крадут какую-то вещицу в магазине, хотя при желании могли бы сию же минуту купить весь этот магазин целиком. Потребность украсть в данном случае связана с постоянным уровнем тревоги и неудовлетворенности. В момент кражи человек испытывает острые ощущения, бурю эмоций, которые затем сменяются расслаблением и эйфорией. Здесь мы имеем дело с психологической зависимостью, воровство этого типа может встречаться у детей, переживших психологическую травму, неуверенных в своем нынешнем положении, испытывающих страх перед будущим, имеющих низкую самооценку и не получающих достаточной эмоциональной поддержки.

В этом случае потребность ребенка — хотя бы на время **избавиться от гложущей тревоги**, получить передышку в виде расслабления и эйфории.

8. Ребенок может воровать от безвыходности: если у него вымогают деньги путем угроз или он страдает наркозависимостью. Возможно, его отношения с родителями слишком отравлены недоверием и борьбой, чтобы он мог обратиться за помощью к взрослым, а не скрывал от них тяжесть своего положения.

В этом случае потребность ребенка — **быть в безопасности**, защитить себя от угроз и страданий.

9. Наконец, бывает, что детское воровство вызвано очень острым желанием обладания, которое охватывает ребенка порой из-за пустяка и потому непонятно взрослым. Такое желание может подогреваться рекламой (маркетинговыми акциями под лозунгом «Собери их все»). Это очень важный жизненный опыт.

Когда ребенок крадет, уступив соблазну, он хочет узнать границы дозволенного, получить новый опыт, узнать, каково это, когда ты сделал то, что нельзя. Без такого опыта невозможно формирование совести, ведь совесть — не послушание внешним правилам, а внутренний сторож, который не позволяет поступать неправильно, потому что «ты знаешь, как потом будет плохо на душе».

Когда обнаружилось, что девятилетний Тима стащил у мамы из кармана деньги, чтобы купить очередного бакугана, вся семья была в шоке. Дедушка кричал, что не потерпит «крысятничества» в доме, бабушка пила сердечные капли, папа сказал, что за такое следовало бы выпороть хорошенько, мама сидела с таким выражением лица, что Тима заплакал и убежал в свою комнату.

Через какое-то время мама пришла к нему, легла рядом, взяла за руку. И тихо сказала, что почти каждый ребенок хоть раз в своей жизни пробует что-то украсть. Но это еще не делает его вором. Он просто пробует, узнает, каково это, и потом решает: будет он продолжать или с него хватит. «Тебе решать, — сказала мама, — как ты решишь, какой путь для себя выберешь, так и будет». Поцеловала сына и ушла из комнаты, чтобы он мог побыть один и подумать.

В этом случае потребность ребенка — **получить опыт соблазна, проступка, стыда, раскаяния** и сделать свои выводы из этого опыта.

Как мы видим, все названные ситуации, кроме последней, не имеют никакого отношения к воровству в собственном смысле этого слова. Ни в одной из них ребенок не хочет «сознательно присвоить чужое» (именно таково словарное определение понятия «воровство»). Его цели совсем иные: любовь, покой, безопасность, успешность и т. д. Можно надеяться, что, показав ему, как можно добиться того же самого, не прибегая к утаскиванию чужих вещей и денег, мы поможем ребенку избавиться от этого крайне неприятного вида трудного поведения.

Примерно таким образом можно рассуждать о любом виде трудного поведения, выдвигая гипотезы о его «движущей силе», от простого к сложному. Обычно довольно быстро родителю, который неплохо знает и чувствует своего ребенка и предварительно хорошо понаблюдал за его поведением, становится ясно, какие из предположительных «пружин» имеют место в конкретном случае, а значит, и приходят идеи, что можно сделать.

Вспоминая наших «все время плачущих» девочек, мы можем сказать, что у Маруси дело в возрасте: она осваивает для себя такие важные понятия, как «нельзя» и «надо», учится конфликтовать, настаивать и уступать. А значит, родителям надо настроиться на то, что это временно, и постараться сохранять самообладание и чувство юмора, давая ребенку возможность выйти из своего эмоционального «клинча» без потерь.

У Алины явно запредельный для нее стресс школьной адаптации, сильная зацикленность на успешности и одобрении, возможно, она не уверена, что родители смогут принять ее школьные неудачи и не разочароваться в ней. Ее потребность — получить поддержку семьи, убедиться, что отношения с родителями прочны и им ничто не угрожает, даже если учительница будет недовольна. Возможно, стоит под тем или иным предлогом забрать на время ребенка из школы, дать прийти в себя, способная девочка потом быстро нагонит класс. А может быть, имеет смысл и подумать о смене учителя.

Для Насти чувствительность — особенность ее нервной системы, она будет такой всегда. Ее потребность — стать более уверенной в себе и научиться обращаться со своей чувствительностью, придумать, как снимать неловкость, если чувствуешь, что краснеешь и сейчас заплачешь.

Хорошо, а что делать, если нет уверенности, что «пружина» определена правильно? Тогда нужна дополнительная информация.

Например, очень часто можно понять, что движет ребенком, анализируя собственные чувства. Общаясь, мы всегда чувствуем состояние другого человека или испытываем либо сходные, либо дополнительные чувства. То есть если человек боится, мы тоже можем почувствовать страх, если злится — мы тоже злимся, если он намерен выяснить, «кто здесь главный», мы испытаем прилив агрессии и мобилизуемся для отпора, если он хочет от нас то, чего мы дать не в состоянии (например, безраздельного и безграничного внимания), мы чувствуем раздражение.

Это обстоятельство впервые было подмечено и описано американским педагогом Рудольфом Дрейкусом. Правда, он выделял всего четыре пружины в поведении детей: потребность привлечь к себе внимание, желание избежать неудачи, выяснение «кто здесь главный» и месть. При этом взрослый чувствует соответственно: раздражение, бессилие, злость и обиду. Понаблюдайте за собой, и вы убедитесь, что так и есть. Хотя вряд ли их всего четыре, просто Дрейкус работал со школьниками и пружины, связанные, например, с надежностью привязанности, в его поле зрения не попадали.

Собственно, о «пружине» можно не гадать, а спросить у самого ребенка. И некоторые дети, даже довольно маленькие, способны вполне внятно ответить на вопрос: «Зачем ты это делаешь?» Обратите внимание: не «Почему? (не убрал, взял чужое, сломал, закатил скандал)», это как раз вгоняет ребенка в ступор — откуда он знает почему, а именно: «Зачем?» Это может быть даже довольно странно звучащий вопрос, например: «Зачем у тебя по утрам перед школой живот болит?» Только задавать его надо не с вызовом в голосе, не тогда, когда вы уже разозлились, а спокойно, заинтересованно.

Можно предложить ребенку варианты ответов: «Ты знаешь, иногда дети врут, чтобы о них не думали плохо. С тобой так бывает?» или «Иногда мы на самом деле хотим пожаловаться, чтобы нас пожалели, но стесняемся и вместо этого начинаем придираться и цепляться к словам. А у тебя не так?»

Даже если вы не смогли сразу верно определить «пружину», ничего страшного. В любом случае возможных «пружин» конечное количество, и со второй или третьей попытки вы обязательно попадете.

Шаг четвертый. Объясняем, что не так

«Как ты себя ведешь?! Это ужас просто!» — говорим мы в сердцах ребенку. Давайте на минутку остановимся и отдадим себе отчет — к какому результату приведет наша гневная тирада? Поможет ли она ребенку научиться себя вести лучше? Вызовет ли у него желание измениться? Улучшит наши отношения с ним? Снизит его тревогу? Может быть, хотя бы поможет нам в будущем лучше с ним справляться? К сожалению, на все эти вопросы приходится отвечать: нет, нет и нет. Единственный сомнительный результат, который здесь можно усмотреть, — взрослый «сбросил пар», разрядился. Да и то не всегда, ведь сплошь и рядом подобные фразы говорятся даже без особого чувства, по инерции, потому что «так положено», это наш родительский долг — что-то в этом роде произносить.

Единственная информация, которую извлекает ребенок из подобных высказываний: «Мной недовольны, я плохой». Или того хуже: «Я не имею значения, мама или папа хотят выглядеть хорошими за мой счет». Выше мы уже говорили о том, к чему это приводит. Как только мы говорим: «Ты неправ» или того хуже «Ты плохой», ребенок в ответ начинает защищаться и спорить.

Гораздо лучше работают «Я-высказывания», то есть высказывания о себе, о своих чувствах, проблемах и потребностях. Лучше всего разница между «Я-высказываниями» и привычными способами выражать недовольство можно увидеть в сравнении.

Как не стыдно шуметь, когда человек отдыхает!	Я очень устал, мне необходимо поспать, не шуми, пожалуйста!
Ты опять не убрал со стола!	Я не люблю, когда на кухне грязь. Мне неприятно убирать за всеми.
Почему ты меня не слушаешь?	Я хочу, чтобы ты меня услышал.
От тебя помощи не дождешься!	Я прошу тебя мне помочь. Помоги мне, пожалуйста!
Не говори со мной таким тоном!	Мне неприятно, когда ты грубишь.
У тебя совесть есть — приходить домой в час ночи?	Я не могла уснуть и очень волновалась.

Действенность Я-высказываний заключается в том, что их невозможно оспорить. Если человек говорит: «Я волнуюсь, мне обидно, мне неприятно, я хочу, мне нужно», с этим невозможно спорить. Ему виднее! А когда он говорит: «Ты грубишь, ты не помогаешь, у тебя нет совести», сразу же возникает протест. Употребляя Я-высказывания, мы демонстрируем собеседнику, что не намерены залезать на его территорию, «учить его жить». Мы просто говорим о своих чувствах, потребностях, трудностях и верим, что ему это не все равно, что он постарается вникнуть и чем-то помочь. Мы даем ребенку понять, что наша с ним связь в безопасности, даже если его поведение нам не нравится.

Однако Я-высказывания не должны переходить в шантаж. Когда взрослый говорит: «Я тебя такого не люблю!» или «Из-за тебя я заболею», это не слова о своих подлинных чувствах и проблемах, а именно шантаж, спекуляция на любви ребенка, его зависимости и некритичности его мышления. То же относится к запугиванию типа «придет милиционер и заберет», «попадешь в больницу, и будут делать уколы», «сейчас уйду от тебя и больше не приду». Ребенок не в состоянии оценить, где правда и где ложь, у него нет пока нужного жизненного опыта. Злоупотреблять его доверием некрасиво.

Объясняя ребенку, почему то, что он делает, вас не устраивает, важно иметь в виду еще вот что: дети живут настоящим. Их не интересуют проблемы далекого будущего, по крайней мере лет до 15—16. Говорить пятикласснику, что если он будет плохо учиться, то станет лишь дворником, довольно бессмысленно. Для него это будет звучать обидно, только и всего. Гораздо лучше обратить его внимание, что вы расстраиваетесь из-за его плохих оценок, что

сам он неважно себя чувствует в роли двоечника, что бояться вызова к доске гораздо неприятнее, чем сделать домашнее задание. Фразы типа «Что из тебя вырастет?» или «Кто на тебе, такой неряхе, женится?» только портят отношения с ребенком и ничего не дают для исправления поведения.

Постарайтесь при объяснении дать ребенку понять, что вы знаете и разделяете ту потребность, которая стоит за трудным поведением. Можно сказать: «Я знаю, ты очень хочешь подружиться с ребятами и поэтому решил взять деньги и купить сладости» или «Я понимаю, ты расстроен, что я не могу остаться с тобой дома», «Да, в школу идти иногда ужасно не хочется, так и тянет прогулять», «Иногда кажется, что соврать проще всего, чтоб не ругали». Этим вы показываете, что вы не по ту сторону «баррикады», а здесь, рядом с ребенком. Что вы посягаете не на потребность как таковую, а лишь на плохую технологию ее достижения. А значит, ребенок по-прежнему может рассчитывать на вашу заботу и защиту.

Объясняя ребенку минусы трудного поведения, говорите конкретно и доходчиво. Избегайте общих слов, не употребляйте абстрактные понятия «грех», «мораль» и т. п. Учитывайте возраст ребенка и уровень его развития.

И помните то, о чем мы говорили в первой части — бесполезно что-то объяснять, когда ребенок расстроен, испуган, сгорает от стыда. Все уйдет в песок. Помогите ему успокоиться, дайте понять, что с привязанностью все в порядке, если надо — сначала успокойтесь сами. И только потом объясняйте.

Шаг пятый. Даем наступить последствиям

Мы говорили в первой части книги о том, что наказание — довольно искусственная конструкция, в жизни гораздо чаще работает закон наступления последствий. Поэтому не бойтесь их — пусть наступают, ребенку необходим этот опыт. Потерял, сломал дорогую вещь —

значит, больше нету, покупать новую никто не побежит. Украл и потратил чужие деньги — придется отработать или отказаться от покупки, поездки, чтобы сэкономить. Забыл, что задали нарисовать рисунок, вспомнил в последний момент — придется рисовать вместо мультика перед сном. Устроил истерику на улице — прогулка прекращена, идем домой, какое уж теперь гуляние.

Казалось бы, все просто, но почему-то родители почти никогда не используют этот механизм.

Мама жалуется, что у дочки-подростка стащили уже четвертый мобильный телефон. Девочка сует его в задний карман джинсов и так едет в метро. Говорили, объясняли, наказывали даже. А она говорит, что «забыла и опять засунула». Бывает, конечно. Задаю маме один простой вопрос: «Сколько стоит тот телефон, что у Светы сейчас?» «Десять тысяч, — отвечает мама, — две недели назад купили». Не верю своим ушам: «Как, она потеряла уже четыре и вы опять покупаете ей такой дорогой телефон?» «Ну, а как же, ведь ей нужно, чтобы были и фотоаппарат, и музыка, и современный чтоб. Только, боюсь, опять потеряет». Кто б сомневался!

Свету ругают каждый раз за небрежность, обвиняют в неблагодарности и эгоизме, но новый дорогой мобильник исправно покупают. Если бы родители отказались покупать новый телефон или купили самый дешевый, а еще лучше — подержанный, и оговорили срок, в течение которого он должен уцелеть, чтобы можно было вообще заводить речь о новом, то Света уж как-нибудь научилась бы «не забывать». Но это казалось им невозможным — ведь девочке нужно быть не хуже других! И они предпочитали расстраиваться, ссориться, сокрушаться, но не давали дочке никакого шанса изменить поведение.

Важно, чтобы родители при наступлении последствий не злорадствовали, а сочувствовали и продолжали поддерживать ребенка. То есть оставались вместе с ним, по одну сторону баррикады и вместе решали возникшую проблему.

Знакомая семья просидела всем составом неделю на макаронах и картошке — отдавали деньги, которые были утащены ребенком в гостях. Причем свою «диету» семейство соблюдало не со страдальческими физиономиями, а подбадривая друг друга, весело, преодолевая общую беду. И как все радовались, когда в конце недели нужная сумма была собрана и отдана с извинениями, и даже осталось еще денег на арбуз!

Ну, и последствия должны быть действительно естественными, а не подстроенными, и если проблему легче предупредить, чем потом решать, не надо устраивать театр одного актера там, где уместнее простая забота. Если ребенок забыл дома сменку и вы это заметили, естественным будет напомнить ему об этом при выходе из дома, а не подставлять под выговор учительницы для наступления последствий. Вы бы супругу-то напомнили, что он важную папку или ключи от машины забыл, не стали бы воспитывать.

Понятно, что есть ситуации, когда мы не можем позволить последствиям наступить, например, нельзя дать ребенку вывалиться из окна и посмотреть, что будет. Но согласитесь, таких случаев явное меньшинство.

Шаг шестой. Помогаем добиваться своего по-другому

Мы помним, что трудное поведение — это прежде всего примитивные технологии достижения желаемого. Но это мы знаем, что они примитивные и что бывают способы и получше.

Ребенку это пока неизвестно. Он не сможет отказаться от «плохих» технологий, пока не получит взамен других, «хороших». Невозможно требовать от ребенка, чтобы он «прекратил немедленно», то есть отказался от «плохих» технологий, и при этом не предлагать ему взамен других, более эффективных.

Наверное, самая распространенная ошибка взрослых: говорить ребенку, что он делает что-то не так, при этом забывая сказать или показать, а как надо-то?

Вспоминаю ситуацию, в которой оказалась сама: я повела дочку и ее подружку в кино. Когда мы переходили дорогу, моя смирно шла за руку, а другая девочка баловалась, забегала вперед прыгала перед нами, что-то радостно крича и не давая сосредоточиться, а улица-то была довольно опасная, широкая, с сильным движением. «Прекрати немедленно, мы же на дороге!» — гневно возмутилась я и увидела абсолютное недоумение в глазах ребенка. Только перейдя улицу и отдышавшись, я понимаю: девочка эта живет с родителями за городом, в своем доме. Ее возят на машине в школу, из школы и вообще везде. Она переходит улицу ногами не так часто, и поведение на дороге у ребенка не сформировано на уровне автоматизма, как у моей дочери. Девочка вовсе не хулиганка и ничего плохого не хотела. Просто моя возмущенная фраза не дала ребенку никакой полезной информации. Что с того, что мы на дороге? Чем я недовольна? Что следует прекратить и что делать вместо этого? Она не знала. Уверена, если бы я сказала что-то вроде «Дай мне руку и иди рядом», она бы послушалась.

Убедитесь, что вы ясно показали ребенку, какого другого поведения вы от него ждете взамен «трудного». Часто бывает лучше именно показать, а не объяснять, особенно если ребенок мал. Просто возьмите его за руку и отведите в ванную чистить зубы.

Подойдите и поправьте карандаш в его руке, если он держит его неправильно. Обнимите и крепко прижмите, когда его «разносит» в истерике, возможно, в следующий раз он сам придет к вам на руки, вместо того чтобы демонстративно плакать. Удержите руку, если он замахивается, и помогите ребенку сформулировать свой гнев в словах. Покажите, как правильно брать на руки и гладить кошку, чтобы она не царапалась и не убегала. Здоровайтесь и желайте спокойной ночи первыми. Когда ребенок говорит на повышенных тонах, сами начните снижать голос. Спрашивайте разрешения, чтобы взять его вещи. Стучитесь, прежде чем войти в комнату. Попросите прощения у бабушки вместе, обнимая его за плечи и подсказывая слова.

Дети мыслят действиями и телом. Объяснения могут сопровождать показ, но главное — что вы делаете, а не что говорите. Если вы, не вставая с кресла, кричите маленькому ребенку через всю комнату: «Не трогай это!», он не примет во внимание ваши слова. Встаньте, подойдите и остановите его руками. Если вы требуете от ребенка внимательно вас слушать, при этом продолжая заниматься своими делами, ничего не выйдет. Присядьте, разверните его к себе, найдите его взгляд и тогда говорите.

Используйте игру и игрушки. Например, ребенок капризничает, когда ложится спать. Поиграйте в «дочки-матери наоборот». Пусть он будет родителем, а вы — ребенком. Капризничайте вовсю. Брыкайтесь, просите попить и в туалет, вскакивайте и смейтесь. Утрируйте обычное поведение ребенка. Пусть он пробует и так и так, уговаривает, приводит доводы. Постепенно «исправьтесь», покажите, что можно получить удовольствие от укладывания спать, особенно если тебе так ласково поют песенку. Потом поменяйтесь ролями, чтобы все стало «как полагается», и повторите приятный ритуал.

Если ребенок боится идти в поликлинику сдавать анализы, поиграйте заранее в «поход к доктору с мишкой». Пусть мишка (в вашем исполнении) боится и плачет, а ребенок его уговаривает, утешает, объясняет, почему сдавать анализы нужно. Наконец мишка согласился, и вел себя очень храбро, и получил от «папы» поцелуй и внеплановый поход на карусели.

Будьте изобретательны, помогайте ребенку находить все новые способы решения проблем.

Максим ненавидит делать домашние задания. Весь день до прихода родителей домой он мается, садится, отвлекается, тянет время, бросает. В результате к семи вечера практически ничего не сделано. Мама или папа садятся с ним за уроки. Исправляют, объясняют, помогают. И так до позднего вечера. И так каждый день. Все вымотаны, раздражены, живут нормально только в каникулы.

В подобных случаях опасная ловушка, в которую попадает семья, — пытаться сделать все и хорошо. Максиму не очень легко дается учеба, у него есть проблемы с памятью и вниманием, хотя в целом соображает хорошо. Родители очень боятся, что он безнадежно отстанет, «скатится». В результате вся жизнь семьи полностью подчинена урокам, подавляющую часть времени Максим занят ненавистным ему делом, неудивительно, что саботирует, отчаивается, иногда плачет. Родители боятся, что наступит день и он просто пошлет все к черту, и больше они не могут заставить его заниматься.

Первое, о чем мы договорились с родителями, — чтобы они перестали злиться на чувства, которые испытывает ребенок. Да, он ненавидит делать уроки. У него есть для этого основания. Надо принять это как данность, как условие задачи, которую нужно решить. А решить ее совершенно необходимо, иначе эти чертовы уроки полностью сожрут их отношения, уже есть признаки.

Какова потребность Максима, скрывающаяся за его саботажем? Не делать неприятное и тяжелое дело. Как он этого добивается? Тормозит, тянет время, упирается. И в результате получает «приз»: нелюбимое дело каждый день по многу часов. Это мы обсудили уже с самим Максимом. Поговорили и о том, что он стал бы делать, если б вдруг домашние задания занимали меньше времени.

Оказывается, он давно мечтал ходить на футбол, и секция рядом с домом есть, но сейчас не успевает — уроки.

Как же быть? Есть у американцев такое выражение — «съесть лягушку». Это означает: сделать неприятное дело как можно быстрее и отвязаться. Вот технологии «съедания лягушки» Максиму и предстояло научиться. Кстати, очень полезный навык в жизни каждого человека. Для начала мы договорились о том, что урокам нужно отвести определенное время. Обсудили, сколько было бы приемлемо, — получилось 2 часа. И не больше. Неприятное занятие всегда очень важно вогнать в жесткие границы и не позволять из них выходить. Но 2 часа занятий подряд — это неправильно. Договорились так: мальчик заводит таймер на 20 минут и это время честно, с отдачей, как может, занимается. 20 минут — не смертельный срок, можно даже очень неприятное занятие в течение 20 минут делать и не умереть в страшных муках.

Звонок таймера — все, стоп. Сколько успел, столько успел. Перерыв. Попрыгать, посмотреть в окно, съесть конфетку. Потом снова 20 мин. И еще раз. В конце первого часа позвонил родителям, доложился об успехах, они похвалили, поддержали, что-нибудь хорошее сказали. Перерыв побольше — тоже по таймеру, минут 20—30. Можно чаю попить, на спорткомплексе повисеть. И снова три раза по 20 мин. После этого — ***ни минутой больше***. *Даже если не успел. Даже если не получилось. Все, уроки окончены на сегодня. Если очень хочется доделать или разобраться, можно вечером попросить помочь родителей. Но не тратить на это больше получаса! Что успели объяснить, то и ладно. В освободившееся время: футбол, гулять, кино, конструктор, все, что душа пожелает.*

Важнейшие условия: сами родители ничего не проверяют, если только по просьбе Максима. Если он звонит и отчитывается, что позанимался, — хвалят. Не звонит — сами не напоминают. И за оценки в ближайшие пару месяцев не ругают — нужно время, чтобы привыкнуть к новой системе. Учительницу желательно предупредить, конечно, чтобы не считала брошенное на половине задание неуважением к себе. Но оценки пусть ставит, как считает нужным, скидок не надо.

Конечно, поначалу родители были в шоке. Как это — не доделал — и бросить? Это что же за привычка вырабатывается? И как тогда наверстывать пробелы? Но удалось убедить их попробовать, ведь хуже, чем есть, не будет. Если Максим будет действительно два часа в день заниматься, а не сопротивляться, толку будет больше, чем от многочасовых страданий. Лучше делать не все идеально, но каждый день понемногу, эффект обязательно будет.

Решили попробовать. Сам Максим отнесся к новшествам со смесью скепсиса и энтузиазма. С одной стороны, очень хотелось на футбол. С другой — не верил, что сможет сам заниматься. Надо сказать, что все сразу и гладко действительно не получалось. Сначала он впадал в панику, что ничего не успеет. Родители срывались и начинали по вечерам проверять, критиковать, заставлять переделывать. Или звонили с работы, проверяли, занимается ли сын, он врал и опять приступал к саботажу. Однако выигрыш во времени был заметен, а результаты сильно хуже не стали. Лучше пока тоже, но появилась возможность заниматься чем-то другим.

Прошло почти два месяца, прежде чем Максим успокоился и убедился, что за два часа можно сделать много чего. Он стал чаще просить по вечерам родителей помочь. Постепенно стали появляться четверки. Иногда Максим срывается и вообще не делает уроки, но это случается нечасто. Гораздо чаще срываются родители, которым так и хочется поактивнее помочь сыну. Как только они начинают давить и контролировать, он вновь вспоминает свой саботаж. Во всяком случае, стало терпимо и «чертовы уроки» больше не подминают под себя всю жизнь семьи.

Таким образом, суть этого следующего шага в том, чтобы показать или подсказать ребенку другие, «хорошие» способы добиться того, чего он хочет. Как мы уже говорили, «трудное» поведение очень энергозатратно, и если необходимость в нем отпадает, так как стоящая за ним потребность уже удовлетворяется, оно проходит само по себе. Поэтому если ребенку нужно внимание — уделите ему внимание, не дожидаясь, пока он начнет его «выбивать», если он «качает права» — покажите ему, «кто в доме хозяин», если он испытывает трудности в общении со сверстниками — подскажите, что ему делать, и помогите подружиться. Рассказывайте, как сами справились с подобными сложностями.

Шаг седьмой. Закрепляем достижения

Чтобы проделать огромную работу по замене одних способов поведения на другие, ребенку нужно много душевных сил и вера в себя. Он сможет измениться к лучшему только в при условии вашей поддержки, симпатии, принятия, заботы. Любое недовольство, отвержение, неуважение, критика, контроль подчеркивают неуспешность ребенка и усиливают его тревогу. А что мы делаем, когда не уверены в себе? Естественно, цепляемся за самые привычные, хорошо освоенные виды поведения и реакций. То есть в результате ребенок будет еще крепче держаться за те самые «плохие» технологии, от которых мы хотим его избавить.

Вы никогда не задумывались, почему дети в возрасте 6—8 лет так охотно помогают родителям по дому, а подростком не допросишься? Обратите внимание, как все это происходит. Вот шестилетка гордо моет посуду — ему разрешили! Естественно, мама потом расхваливает его усилия, даже если ей пришлось незаметно перемыть все тарелки снова. Ведь он такой маленький, а уже помощник! Но время идет, и ему уже 9. Он моет посуду. Слышит ли он в ответ похвалу? Гораздо реже. Ведь он уже большой, это его обязанность. За что же тут хвалить? А что произойдет, если посуда будет помыта

плохо? Его раскритикуют, при нем тарелки демонстративно перемоют и низведут его усилия до нуля. Да еще и что-нибудь обидное скажут. Вы все еще спрашиваете, куда же испаряется трудовой энтузиазм детей в период с 9 до 12? И почему подростков не заставишь ничего делать?

Именно поэтому так важно поддерживать оптимизм и веру в то, что все обязательно получится, замечать и подкреплять любой успех. Исследователи поведения животных и дрессировщики утверждают, что позитивные подкрепления примерно в 4 раза эффективнее негативных. То есть, грубо говоря, чтобы голубь научился кружиться, поворачиваясь в нужную дрессировщику сторону, его придется 20 раз ткнуть палкой с гвоздем, «наказывая» за неверное движение — или достаточно всего 5 раз подкрепить верное вкусным зернышком. С детьми все то же самое. Поэтому так важно каждому родителю иметь в запасе много хороших и разных «зернышек» — способов подкрепления правильного, нового поведения.

Один из самых сильных — конечно, похвала. Хвалите ребенка конкретно, по возможности точно описывая, что именно вам понравилось. Тогда он будет точно знать, чем порадовать вас в следующий раз. Как основание для похвалы подойдет любая мелочь, даже еле заметное изменение к лучшему. Вы удивитесь, насколько эффективно это работает. Очень эффективна косвенная похвала, когда вы изливаете свои восторги не прямо на ребенка, а при нем — пришедшему с работы папе или бабушке по телефону.

Другой распространенный способ подкрепления — подарки и вкусности. Вас смущает аналогия с дрессировкой животных? А вы сами разве не любите побаловать себя шоколадкой или пирожным после тяжелой и успешно выполненной работы? Фуршеты на презентациях проектов, корпоративные вечеринки в конце года, банкеты после защиты диссертации — того же происхождения. Все мы в каком-то смысле животные, что уж тут... Используйте маленькие вкусности для подержания у ребенка хорошего настроения и для создания игрового начала.

Гиперактивному ребенку будет проще справиться с домашним заданием, если вы предложите такую игру: после каждого примера (записанного предложения) он быстро бежит на кухню и получает изюминку или дольку мандарина.

Детям будет приятнее участвовать в генеральной уборке, если по традиции она заканчивается чаепитием с пирогом.

Ребенку будет легче отказаться от покупки запрещенных врачом чипсов, если вы с ним заведете специальный кошелек и будете каждый поход в магазин откладывать туда сумму, сэкономленную «на чипсах». А в конце месяца покупать на нее подарок в магазине игрушек или просто давать ребенку на расходы.

Конечно, незаменимый способ поддержки — ласка, объятия, поцелуи. Об этом и говорить долго не надо, чем младше ребенок, тем важнее для него прикосновения, физический контакт.

Поддержкой является и само присутствие родителя, его внимание и время. Часто «пружиной» трудного поведения, например истерик или саботажа с уроками, с одеванием по утрам, является «выцыганивание» внимания родителей. Сделайте из себя награду: «Если ты сможешь сегодня справиться с уроками сам, то я успею приготовить ужин, и мы выиграем целый час времени. Я с удовольствием проведу его с тобой. Чем мы займемся?» Но только честно, если вы — приз, то без сериала по телевизору, хлопот по хозяйству и разговоров по телефону в это время. Приз должен быть качественным!

Научите ребенка видеть и признавать собственные достижения. Это непросто, ведь в нашей культуре хвалить себя считается стыдным, неправильным. Только вы можете научить ребенка радоваться каждому, пусть небольшому, продвижению вперед, сравнивать себя не с недостижимым идеалом, а с собой вчерашним, гордиться своими успехами.

Всегда уверенно и позитивно говорите о будущих изменениях к лучшему. Не призывайте ребенка измениться, не требуйте, не уговаривайте, не выражайте надежду, а уверенно утверждайте: так будет. Например: «Ты еще не совсем можешь справляться с собой, когда сердишься, но ты еще немного подрастешь и обязательно научишься», «Сейчас ты боишься темноты, многие дети боятся, но потом это обязательно пройдет», «У тебя много пробелов, поэтому сейчас учиться так трудно, но с каждым днем будет лучше». Помните: дети нам верят. Как вы скажете, так и будет.

* * *

В завершение хочется вот что сказать. Впрочем, возможно, вы уже и сами догадались. Абсолютно все, что мы говорили о детях, справедливо и для нас самих. Если вам что-то не нравится в поведении самого себя как родителя, — не ругайте себя, не вгоняйте в стресс, не пугайтесь, что так будет всегда. Что захотите изменить, то и измените. За семь шагов, за три или за десять — как захотите и сможете. Определяйте цель, ищите «пружину, придумываете другие способы, пробуйте так и эдак и не забывайте себя поддерживать.

Не требуйте от себя и от ребенка всего и сразу. Жизнь не кончается сегодня. Если сейчас ребенок не знает, не хочет, не может, это вовсе не означает, что так будет всегда. Дети растут и меняются, порой до неузнаваемости. Главное, чтобы к тому моменту, когда ребенок будет готов измениться к лучшему, отношения между вами не были безнадежно испорчены. Никакое образцовое поведение, никакие отличные оценки, никакое одобрение окружающих не стоят того, чтобы ради них жертвовать главным, ради чего вы встретились в этом мире, что останется между вами, когда все задачи воспитания будут уже далеко в прошлом — любовью, заботой, доверием.

Доверяйте себе, своему опыту, интуиции, родительским чувствам. Никто не знает вашего ребенка лучше, чем вы. Никто не может сделать для него больше, чем вы. И даже если в какой-то момент вам начинает казаться, что вы никуда не годная мать (отец), просто посмотрите в глаза своего ребенка. Там вы увидите себя — самого любимого, самого нужного, самого важного. Самого Лучшего Родителя на свете. Это вы и есть.

СОДЕРЖАНИЕ

Научно-популярное издание

16+

Петрановская Людмила Владимировна

ЕСЛИ С РЕБЕНКОМ ТРУДНО

Художник *А. Селиванов*
Ответственный редактор *М. Гумская*
Корректор *И. Марчевская*
Технический редактор *Н. Духанина*
Изготовление оригинал-макета *А. Селиванов, Л. Ковальчук*
Компьютерная верстка *Л. Быковой*

Общероссийский классификатор продукции ОК-005-93, том 2;
953004 — литература научная и производственная.

Подписано в печать 02.11.2017. Формат 60×84/16. Гарнитура Ньютон.
Бумага офсетная. Усл. печ. л. 8,37.
Доп. тираж: 12 000 (Библиотека Петрановской). Заказ № 10575.
Доп. тираж: 8000 (Вопрос – ответ (Близкие люди)). Заказ № 10574.

ООО «Издательство АСТ»
129085, г. Москва, Звёздный бульвар, дом 21, строение 1, комната 39

«Баспа Аста» деген ООО 129085 г. Мәскеу, жұлдызды гүлзар,
д. 21, 1 құрылым, 39 бөлме Біздің электрондық мекенжайымыз:
www.ast.ru E-mail: astpub@aha.ru
Қазақстан Республикасында дистрибьютор және өнім бойынша арыз-талаптарды қабылдаушының өкілі «РДЦ-Алматы» ЖШС, Алматы қ., Домбровский көш., 3«а», литер Б, офис 1.
Тел.: 8(727) 2 51 59 89,90,91,92, факс: 8 (727) 251 58 12 вн. 107;
E-mail: RDC-Almaty@eksmo.kz
Өнімнің жарамдылық мерзімі шектелмеген.

Отпечатано в АО «Первая Образцовая типография»,
филиал «УЛЬЯНОВСКИЙ ДОМ ПЕЧАТИ». 432980, г. Ульяновск, ул. Гончарова, 14